Eis & Sorbet

Unser Verlagsprogramm finden Sie unter
www.christian-verlag.de

Produktmanagement:
Annika Genning, Annemarie Heinel
Textredaktion: Christina Wiedemann
Korrektur: Petra Tröger
Layout und Satz: Ute Schneider, u.s.design
Umschlaggestaltung:
Caroline Daphne Georgiadis, Daphne Design

Texte und Rezepte: Manuela Rüther
Fotografie: Manuela Rüther, www.elaruether.de
Styling: Anja Boeffel
Foodstyling: Karsten Krausch und Christine Evoda
Fotoassistenz: Thomas Epping

Herstellung: Bettina Schippel
Repro: Repro Ludwig, Zell am See

Gesamtherstellung:
GeraNova Bruckmann GmbH

Die Deutsche Nationalbibliothek verzeichnet diese
Publikation in der Deutschen Nationalbibliografie;
detaillierte bibliografische Daten sind im Internet
über http://dnb.d-nb.de abrufbar.

© 2013, Christian Verlag GmbH, München
1. Auflage 2013
Alle Rechte vorbehalten.

ISBN 978-3-86244-224-9

Alle Angaben in diesem Werk wurden von der
Autorin sorgfältig recherchiert und auf den aktuel-
len Stand gebracht sowie vom Verlag geprüft. Für
die Richtigkeit der Angaben kann jedoch keinerlei
Haftung übernommen werden. Für Hinweise und
Anregungen sind wir jederzeit dankbar. Bitte rich-
ten Sie diese an:

Christian Verlag
Postfach 400209
80702 München
E-Mail: lektorat@verlagshaus.de

Eis & Sorbet

100 eiskalte Köstlichkeiten

CHRISTIAN

Inhalt

Vorwort
Sommer, Sonne,
Strand und Eis   8

Creme und zarter Schmelz –
das A und O beim
Eismachen   10

Cremiges:
Milch- und Joghurteis   12

Für kalte Tage:
Wintereis   32

Leichte Sorbets
und Granitées   48

Perfekte Parfaits,
Eissoufflés und Pralinen   72

Eis zum Dessert –
ungewöhnliche Kreationen!   96

Eis am Stiel   116

Eisdrinks   136

Rezeptregister   158

Vorwort

Welch ein Glück, dass Kreuzfahrer das *Scherbet* mit nach Europa brachten ...,
dass Carl von Linné 1876 eine Kältemaschine erfand ... und dass ein
Mann aus Zoppè di Cardore am Wiener Prater etwas Neues wagte und den
ersten Eisstand außerhalb Italiens eröffnete! Ein Leben ohne Eis? Kindheits-
erinnerungen ohne das cremige Rieseneis vom Eiswagen? – Ziemlich grau!
Ich hatte Glück, denn das Eis wurde für mich zum Beruf. Als Köchin landete
ich immer wieder in der Patisserie. Dort durfte ich neben allerlei Süßem auch
jeden Tag frisches Eis machen. Das Wunderbare in der Eisküche ist, dass
man seiner Kreativität freien Lauf lassen kann. Beherrscht man einige Grundrezepte und Techniken, kann man nach Lust und Laune die leckersten
Rezepte ableiten.

Damit auch Sie je nach Jahreszeit und persönlichen Vorlieben immer wieder
neue Eissorten zaubern können, finden Sie in diesem Buch nicht nur Rezept-
ideen, sondern auch die wichtigsten Grundrezepte. Diese können Sie beliebig
variieren. Das Wichtigste dabei ist, dass die Mengenverhältnisse stimmen
und dass es Ihnen schmeckt.

Nur Mut und viel Spaß!

Sommer, Sonne, Strand und Eis

Cremiges Eis in bunten Farben, überquellende Eiswaffeln: Wer erinnert sich nicht an die Eisdiele seiner Kindheit, an die Eistruhe im Tante-Emma-Laden oder das klebrige Wassereis im Freibad. Ich glaube, es gibt kein Essen, in dem so viel Leichtigkeit und Spaß steckt. Umso schöner, dass Sie Eis ganz einfach selber machen können. Am Anfang jedes Kapitels finden Sie ein bebildertes Grundrezept. So können Sie die Arbeitsschritte ganz einfach nachmachen und mit etwas Übung nach Belieben variieren. Vorab möchte ich Ihnen kurz die unterschiedlichen Eiszubereitungen vorstellen, die Sie in diesem Buch finden. Zudem erhalten Sie auf den nächsten Seiten wichtige Tipps, Techniken und Grundlagen, die Ihnen beim Eismachen helfen.

Grandiose Eisvielfalt

Im ersten und zweiten Kapitel finden Sie Rezepte für Cremeeis und gefrorenen Joghurt. Cremeeis besteht aus Milch, Sahne, Zucker und Eigelb. Aromen, Früchte und Gewürze verleihen dem Eis Geschmack. Alle Zutaten werden über dem Wasserbad auf 85 °C erhitzt. Das Eigelb bindet die Masse, sodass sie beim Abfrieren besonders cremig wird.

Im dritten Kapitel gibt es feine Rezepte für Sorbets und Granitées, auch Granita genannt. Sie bestehen aus gesüßtem Fruchtpüree oder Kräutersirup. Das Sorbet wird ebenfalls in der Eismaschine cremig gerührt. Das Granitée jedoch wird unter mehrmaligem Rühren in feinen Kristallen gefroren, so ergibt sich eine körnige Struktur.

Parfaits und Eissoufflés verführen Sie im vierten Kapitel. Die „am Stück" gefrorenen Eiskreationen erhalten ihre Cremigkeit und ihr Volumen durch geschlagene Sahne und aufgeschlagenes Ei. Sie werden meist in Scheiben serviert.

Kinderleichte Rezepte für Eis am Stiel entdecken Sie im fünften Kapitel: Die kunterbunten Köstlichkeiten werden nicht nur Kinder begeistern. Überraschende Eisdesserts, die auf der Zunge zergehen, zaubern Sie im sechsten. Mit gekühlten Drinks im letzten Kapitel enden die Eisgenüsse.

Erstklassige Zutaten, exzellentes Eis

Bevor Sie starten, noch ein paar Worte zu den Zutaten. Verwenden Sie beim Eis nur sehr gute, äußerst frische und makellose Zutaten. Anders als bei gekochten oder gebackenen Gerichten, bleiben die Zutaten beim Eis fast roh und bestimmen den Geschmack unmittelbar. Bei Milchprodukten verwende ich generell frische Vollfettprodukte. Denn Fett macht das Eis cremig und „trägt" die Aromen. Eier müssen bei der Eisherstellung absolut frisch sein. Das erkennen Sie daran, dass der Dotter beim Aufschlagen ganz bleibt, eine schöne Farbe und eine stabile Oberflächenspannung hat. Verwenden Sie Bio-Eier von Frei-

land-Hühnern, die schmecken am besten und die Gefahr, dass sie Salmonellen enthalten, ist geringer als bei Käfigeiern. Ein Fruchteis lebt von vollreifen zuckersüßen Früchten. Nur dann schmeckt es vollmundig und hat „Körper". Verwenden Sie idealerweise die Früchte der Saison und achten Sie bei exotischen Früchten auf den richtigen Reifegrad.

Schokolade für die Küche oder richtigerweise Kuvertüre ist ein schwieriges Thema. Im normalen Supermarkt gibt es leider kein Produkt, welches ich empfehlen würde. Deshalb bestelle ich im Internet (siehe Seite 159) von Valrhona, Cacao Barry oder vergleichbaren Herstellern. Das Gleiche gilt für Nüsse, Mandeln und Pistazien sowie für Gewürze. Bitte achten Sie unbedingt auf gute Qualität, auch wenn es etwas teurer ist. Sie werden den Unterschied schmecken!

Eis abschmecken – Die perfekte Süße

Es ist gar nicht so einfach, den perfekten Zuckergehalt festzulegen. Gerade bei Fruchtsorbets ist das schwierig, denn die Früchte selbst sind je nach Reifegrad unterschiedlich süß. Grundsätzlich gilt: Schmecken Sie Eis immer etwas süßer ab, denn wir nehmen gefrorene Speisen viel weniger süß wahr als warme Speisen.

Um den Zuckergehalt ganz sicher bestimmen zu können, arbeiten Profis übrigens mit einem Refraktometer. Das Messgerät bestimmt den Zuckergehalt einer Flüssigkeit in Prozent, Grad Oechsle oder Baumé. Für eine gute Konsistenz sollte das Sorbet 15–16 Baumé haben.

Eis richtig aufbewahren

Selbst gemachtes Eis schmeckt leider nur kurze Zeit perfekt schmelzend, da es keine Zusatzstoffe zur „Konsistenzoptimierung" enthält. Schon nach einigen Stunden im Eisfach wird es hart und beginnt zu kristallisieren. Deshalb sollten Sie es frisch genießen und nicht länger als 2–3 Tage aufbewahren. Am besten lagern Sie es in geschlossenen Boxen und decken die Oberfläche zusätzlich mit einem Pergamentpapier

ab. Besonders Cremeeis nimmt aufgrund seines hohen Fettgehalts schnell einen Fremdgeschmack an.

Tipp für alle Eissorten: Falls das Eis im Tiefkühlschrank zu fest geworden ist, lassen Sie es einfach 5–10 Minuten bei Zimmertemperatur stehen und rühren es dann noch einmal cremig. Sie können die angetaute Eismasse auch gut mit einem Stabmixer „reanimieren". Stellen Sie das angetaute und aufgemixte Eis dann vor dem Servieren noch einmal für 15–20 Minuten in das Eisfach, damit es nicht zu weich ist.

Auf Sauberkeit achten

Die überwiegend rohen Zutaten bei der Eisherstellung bieten Bakterien einen wunderbaren Nährboden. Im gefrorenen Eis hingegen vermehren sie sich kaum. Doch sobald das Eis antaut, sollten Sie aufpassen und einmal angetautes Eis unter keinen Umständen wieder einfrieren.

Creme und zarter Schmelz – das A und O beim Eismachen

Wer jemals Eis in Italien gegessen hat weiß, wie Eis schmeckt: Cremig muss es sein und vollmundig-warm auf der Zunge zerschmelzen. Nur keine Eiskristalle! Doch wie kann Eis „warm" schmecken? Und wie bekomme ich mein Eis zu Hause so cremig? Es ist keine Hexerei, sondern eine Frage des richtigen Abfrierens, guter Zutaten und einer gelungenen Eismasse und schließlich der richtigen Serviertemperatur.

Was passiert beim Eismachen?

Wird eine Flüssigkeit eingefroren, so entstehen Eiskristalle, die auf der Zunge kratzen und sich unangenehm kalt anfühlen. Bei einer guten Eiscreme sind diese Eiskristalle so klein, dass sie auf der Zunge sofort schmelzen und sich weich und cremig anfühlen.

Wie schafft man es, dass die Kristalle klein bleiben?

Zunächst kommt es auf den Gefrierprozess an, bei dem das Eis ständig gerührt werden muss. Sie können dafür eine ganz simple Methode anwenden: Frieren Sie die Eis- oder Sorbetmasse in einer Plastikdose ein und mixen Sie sie mit einem Schneebesen oder einem Stabmixer während des Gefrierens immer wieder auf, bis das Eis cremig gefroren ist. Leider ist diese Methode zeitaufwendig und das Eis wird nicht so cremig wie in einer Eismaschine.

Hilfreiche Hardware: Eismaschine und Co.

Wenn Sie öfter Eis herstellen, lohnt der Kauf einer Eismaschine mit Motor. Sehr gute Haushaltsmaschinen kosten um die 100 Euro, sind sehr belastbar und machen tolles Eis. Es gibt zwar günstigere Modelle, bei denen ein Kühlakku zunächst in den Tiefkühlschrank gelegt wird, um dann die Eismasse zu frosten, doch deren Leistungsfähigkeit ist sehr begrenzt und das Ergebnis unbefriedigend.

Wer mehr Geld ausgeben möchte, dem sei der Pacojet empfohlen. Dieses Profi-Gerät ist nicht größer als eine Küchenmaschine, vollbringt aber Unglaubliches. Sein scharfes Messer fräst mit Druck durch die tiefgefrorene Eismasse und macht sie dadurch extrem luftig und cremig.

Eine kostengünstige, aber ebenso beeindruckende Methode stammt aus der Molekularküche: Fügen Sie der Eismasse unter Rühren nach und nach etwa ein

Drittel ihres Volumens an flüssigem Stickstoff zu. Die Eismasse gefriert in wenigen Minuten und bleibt supercremig. Doch der Umgang mit flüssigem Stickstoff ist nicht ungefährlich und erfordert unbedingt die nötigen Sicherheitsmaßnahmen.

Die perfekte Bindung

Die Cremigkeit von Eis hängt nicht nur vom Gefrierprozess ab. Genauso wichtig ist die Bindung der Eismasse. Milch, Sahne und Fruchtpürees enthalten ungebundene Wassermoleküle. Diese gefrieren als plumpe Eiskristalle, wenn man sie nicht daran hindert. Deshalb wird die Eismasse so lange erhitzt, bis das Eigelb die wässrigen Zutaten bindet. So bilden sich beim Einfrieren weniger Kristalle.

Damit Sorbets besonders cremig werden, können Sie einen Teil des Zuckers durch Glucosesirup ersetzen. Dieser ist weniger süß als Saccharose (Haushaltszucker), bindet gleichzeitig mehr Wasser und vermindert so die Bildung von Eiskristallen. In den meisten Rezepten dieses Buches habe ich auf Glucosesirup verzichtet, da man ihn meist nicht vorrätig hat. Falls doch, ersetzen Sie bis zu 10 – 15 % der Zuckermasse durch Glucose (siehe Seite 159).

Apropos Zucker. Je mehr Zucker Sie in die Eismasse geben, desto weicher wird sie. Auch Alkohol verringert den Gefrierpunkt der Eiscreme und macht sie „wärmer". Zu viel Zucker oder Alkohol führt aber dazu, dass das Eis während des Gefrierprozesses nicht ganz fest wird. Gelatine hat einen ähnlichen Effekt. Ich setze sie deshalb nur bei Parfaits ein, diese bekommen mit Gelatine einen besseren Schmelz.

Cremigkeit – Eine Frage der Temperatur

Schlussendlich schmecken Eis, Sorbet und Parfait nur dann so richtig cremig, wenn sie beim Essen die richtige Temperatur und damit die richtige Konsistenz haben. Servieren Sie Eis und Sorbet bestenfalls direkt aus der Eismaschine und stellen Sie die Gläser, Becher oder Schalen, in denen Sie es anrichten möchten, einige Stunden vorher in das Eisfach.

Wenn Sie Eiskugeln formen möchten, lassen Sie das in der Eismaschine gefrorene Eis im Eisfach unter gelegentlichem Rühren nachfrieren. Pro Person rechnen Sie mit etwa drei Kugeln à 30 – 40 Gramm. Parfaits und Eissoufflés sollten Sie früh genug vor dem Servieren aus dem Eisfach nehmen. Sie sind sonst zu hart und ihr Geschmack kann sich nicht richtig entfalten.

Cremiges:
Milch- und Joghurteis

Sommer, Sonne, Strand und ... Eis! Am liebsten schön cremig, aus Milch, Sahne und Joghurt, mit Schokolade, Früchten und Nüssen und was man sich noch so vorstellen kann. Auf den folgenden Seiten finden Sie einige meiner Lieblingssorten zum Selbermachen.

Vanilleeis

Dies ist mein Grundrezept für viele Cremeeissorten. Lassen Sie die Vanille weg und experimentieren Sie mit Ihren Lieblingsaromen und Gewürzen.

Ergibt 700 Milliliter
Zubereitung: 30 Minuten
Tiefkühlzeit: etwa 30 Minuten, je nach Eismaschine

Zutaten

1 Vanilleschote
250 ml Milch
250 ml Sahne
4 Eigelb
80 g Zucker

▌ Die Vanilleschote mit einem scharfen Messer längs aufschlitzen und das Vanillemark herausschaben (1). In einem Topf Milch, Sahne, Vanillemark und Vanilleschote aufkochen. Anschließend die Vanilleschote entfernen.

▌ In einer großen Schüssel die Eigelbe mit dem Zucker verrühren, die Milch-Sahne-Mischung unter Rühren dazugeben (2) und kräftig verquirlen.

▌ Die Mischung auf dem heißen Wasserbad mit einem Holzlöffel rühren (3), bis die Masse dicklich wird und den Löffelrücken überzieht (4). Anschließend auf Eiswürfeln kalt rühren. In der Eismaschine nach Bedienungsanleitung oder nach der Methode auf Seite 10 cremig gefrieren (5). Das Vanilleeis in einer Waffel oder einer Schüssel servieren (6).

Tipp: Sie können auch den Milch- und Sahneanteil variieren und sogar einen Teil davon durch Fruchtpürees ersetzen. Auf den nächsten Seiten finden Sie einige Anregungen. Wichtig ist das Verhältnis von Flüssigkeit, Zucker und Ei. Ich rechne auf einen halben Liter Grundmasse normalerweise 3–4 Eigelb und 80–100 Gramm Zucker.

Drei köstliche Variationen des Grundrezeptes

Blaubeer-Banane

Ergibt 900 Milliliter
Zubereitung: 30 Minuten
Tiefkühlzeit: etwa 30 Minuten, je nach Eismaschine

Zutaten

200 g tiefgekühlte Blaubeeren
350 g Fruchtfleisch von 3–4 reifen Bananen
250 ml Sahne | abgeriebene Schale und Saft
von ½ unbehandelten Limette
3 Eigelb | 80 g Zucker | 4 EL Honig
20 ml hochwertigen Heidelbeerlikör

▌ Sahne und Limettenabrieb aufkochen. Eigelbe und Zucker verrühren und mit der heißen Sahne verquirlen. Die Masse auf dem Wasserbad rühren, bis sie dicklich wird. Dann auf Eiswürfeln kalt rühren.

▌ Blaubeeren, Honig und Heidelbeerlikör in einen Topf geben. Mit einer Gabel zerdrücken und 5 Minuten leicht erwärmen, nicht kochen lassen.

▌ Die Bananen zerkleinern und in die abgekühlte Eismasse geben. Mit dem Stabmixer pürieren. In der Eismaschine nach Bedienungsanleitung oder nach der Methode auf Seite 10 cremig gefrieren. Kurz vor Ende die Blaubeeren zugeben und fertig gefrieren.

Stracciatella

Ergibt 700 Milliliter
Zubereitung: 30 Minuten
Tiefkühlzeit: etwa 30 Minuten, je nach Eismaschine

Zutaten

1 Rezept Vanilleeis (siehe Seite 14;
ohne Vanilleschote)
80 g Zartbitter- oder Vollmilchschokolade

▌ Das Eis nach dem Grundrezept auf Seite 14 zubereiten (ohne Vanilleschote). In der Eismaschine
nach Bedienungsanleitung oder nach der Methode
auf Seite 10 cremig gefrieren.
▌ Inzwischen die Schokolade grob zerkleinern, über
dem Wasserbad schmelzen und etwas abkühlen
lassen.
▌ Sobald die Eismasse cremig wird, die flüssige
Schokolade einlaufen lassen. Die Maschine weiter-
laufen lassen, bis die Schokolade verbraucht ist,
damit sich die typischen Stracciatella-Schokostück-
chen bilden.

Erdbeere

Ergibt 800 Milliliter
Zubereitung: 30 Minuten
Tiefkühlzeit: etwa 30 Minuten, je nach Eismaschine

Zutaten

500 g Erdbeeren | 150 g Honig
Saft von ½ Orange | 150 ml Sahne
abgeriebene Schale von ½ unbehandelten
Zitrone | 4 Eigelb | 60 g Zucker

▌ Erdbeeren waschen, putzen und vierteln. Mit dem
Honig und dem Orangensaft in einen Topf geben.
Mit einer Gabel zerdrücken und 5 Minuten leicht
erwärmen, nicht kochen lassen.
▌ Sahne und Zitronenabrieb aufkochen. Eigelb und
Zucker verrühren und zuerst mit der heißen Sahne,
dann mit der Hälfte der Erdbeeren verquirlen.
Auf dem Wasserbad rühren, bis die Masse dicklich
wird. Dann auf Eiswürfeln kalt rühren.
▌ In der Eismaschine nach Bedienungsanleitung oder
nach der Methode auf Seite 10 cremig gefrieren.
Kurz vor Ende die Erdbeeren zugeben und fertig
gefrieren.

Cookies and Cream mit Beeren

Eine geniale Kombination aus knusprig, cremig und fruchtig

Ergibt 6 Gläser à 100 – 150 Milliliter
Zubereitung: 45 Minuten
Tiefkühlzeit: etwa 30 Minuten, je nach Eismaschine

Zutaten

6 große Schokocookies
150 g gemischte Beeren (frisch oder tiefgekühlt)
½ Vanilleschote
125 ml Milch
125 ml Sahne
2 Eigelb
40 g Zucker
4 EL Honig
Saft von 1 Orange
abgeriebene Schale von ¼ unbehandelten Orange

▌ Die Gläser in das Eisfach stellen. Die Vanilleschote mit einem scharfen Messer längs aufschlitzen und das Vanillemark herausschaben. In einem Topf Milch, Sahne, Vanillemark und Vanilleschote aufkochen. Die Vanilleschote entfernen.

▌ In einer großen Schüssel die Eigelbe mit dem Zucker verrühren, die Milch-Sahne-Mischung unter Rühren dazugeben und kräftig verquirlen.

▌ Die Mischung auf dem heißen Wasserbad rühren, bis die Masse dicklich wird. Anschließend auf Eiswürfeln kalt rühren. In der Eismaschine nach Bedienungsanleitung oder nach der Methode auf Seite 10 cremig gefrieren.

▌ Die Cookies zerbröseln und zwei Drittel davon unter die Eismasse rühren, sobald sie cremig wird. Den Rest bis zur weiteren Verwendung einfrieren, aber nicht länger als 30 Minuten.

▌ Inzwischen die Beeren waschen und putzen. Den Honig in einem großen Topf auflösen und mit dem Orangensaft aufkochen. Ein Drittel der Beeren und den Orangenabrieb hineingeben und alles 10 Minuten köcheln lassen. Mit einem Stabmixer pürieren und nach Geschmack durch ein Sieb streichen. Die restlichen Beeren in die Sauce geben, diese einmal kurz aufkochen und abkühlen lassen.

▌ Die Gläser jeweils zu einem Drittel mit den zerbröselten Cookies, mit den Früchten und der Eiscreme füllen, noch einmal kurz einfrieren und servieren.

Mandelkrokanteis mit Karamellcrispies

Dieses Eis schmeckt vollmundig nach Karamell und schmilzt dadurch fast „warm" im Mund. Probieren Sie statt Mandeln auch Cashewkerne oder Haselnüsse aus dem Piemont.

Ergibt 800 Milliliter
Zubereitung: 40 Minuten
Tiefkühlzeit: etwa 30 Minuten, je nach Eismaschine

Zutaten

100 g Zucker
50 g Butter
250 g Milch
250 g Sahne
1 Prise Salz
4 Eigelb

Für den Mandelkrokant
150 g gehackte Mandeln
Zucker zum Karamellisieren

▌ Den Zucker in einem großen Topf goldgelb karamellisieren. Die Butter darin auflösen, dann die Milch und die Sahne sowie eine Prise Salz zugeben und aufkochen. Köcheln lassen, bis sich die Karamellstücke aufgelöst haben.

▌ Die Eigelbe verrühren und mit der heißen Milch-Sahne-Mischung in einer großen Rührschüssel verschlagen. Die Masse auf dem Wasserbad rühren, bis sie sie dicklich wird. Anschließend auf Eiswürfeln kalt rühren.

▌ Inzwischen den Mandelkrokant zubereiten. Dazu die gehackten Mandeln in einer Pfanne ohne Fett erhitzen. Mit einem Holzlöffel bei mittlerer Hitze ständig rühren und nach und nach esslöffelweise Zucker dazugeben. Weiterrühren und erst dann wieder einen Löffel Zucker dazugeben, wenn die vorherige Portion vollständig karamellisiert und von den Mandeln aufgenommen ist. Fortfahren, bis die Mandeln gut mit Karamell ummantelt sind. Den Krokant auf Backpapier abkühlen lassen und anschließend grob hacken. Zum späteren Garnieren 2–3 Esslöffel beiseitelegen.

▌ Die abgekühlte Karamelleismasse in der Eismaschine nach Bedienungsanleitung oder nach der Methode auf Seite 10 cremig gefrieren. Kurz vor Ende der Gefrierzeit den Krokant einrieseln lassen, weiterrühren, bis er sich mit der Eismasse vermischt hat, und dann das Eis aus der Maschine nehmen. Das Eis mit dem restlichen Mandelkrokant bestreuen und servieren.

Tipp: Dazu schmeckt auch salziger Karamell. Dazu 150 Gramm Zucker in einem Topf karamellisieren. Sobald er bernsteinfarben ist, mit 200 Milliliter Sahne ablöschen. Den Karamell um die Hälfte reduzieren und mit 1–2 Prisen Fleur de Sel abschmecken.

Pistazieneis

Ergibt 750 Milliliter
Zubereitung: 30 Minuten plus
2 Stunden ziehen lassen
Tiefkühlzeit: etwa 30 Minuten,
je nach Eismaschine

Zutaten

100 g Pistazienkerne
250 ml Milch
250 ml Sahne
abgeriebene Schale von
½ unbehandelte Zitrone
4 Eigelb
80 g Zucker

Für die Dekoration
125 g Erdbeeren

▌ Die Pistazien in einer Küchenmaschine fein mahlen. Einen Esslöffel Pistazien für die Garnitur beiseitestellen. Die restlichen Pistazien zusammen mit der Milch, der Sahne und dem Zitronenabrieb aufkochen und 10 Minuten köcheln lassen. Die Masse mindestens 2 Stunden, besser über Nacht durchziehen lassen.

▌ Die Pistazienmasse zur weiteren Verwendung noch einmal erhitzen. Die Eigelbe mit dem Zucker verrühren und in einer großen Rührschüssel mit der heißen Pistazienmasse kräftig verquirlen. Die Eismasse auf dem heißen Wasserbad rühren, bis sie dicklich wird. Anschließend auf Eiswürfeln kalt rühren.

▌ In der Eismaschine nach Bedienungsanleitung oder nach der Methode auf Seite 10 cremig gefrieren.

▌ Die Erdbeeren waschen, putzen und je nach Größe vierteln oder halbieren. Zusammen mit dem Pistazieneis und den restlichen Pistazien servieren.

Tipp: Für eine fruchtige Erdbeersauce pürieren Sie 200 Gramm Erdbeeren mit etwas Zucker, dem Saft von einer Orange und nach Belieben mit ein wenig Vanillemark.

Mandelmilcheis

Ergibt 1,2 Liter
Zubereitung: 30 Minuten plus
6 Stunden ziehen lassen
Tiefkühlzeit: etwa 30 Minuten,
je nach Eismaschine

Zutaten

200 g junge Mandeln
1,2 l Milch
160 g Zucker
8 Eigelb

▌ Die jungen Mandelkerne aus der Schale lösen, mit der Milch aufkochen und 6 Stunden ziehen lassen. Falls Sie reife Mandeln verwenden, diese vorher grob hacken. Die durchgezogene Mandelmilch nochmals erwärmen und durch ein Sieb abseihen. Die Mandeln dabei gut ausdrücken. Die abgeseihte Mandelmilch falls nötig auf einen Liter auffüllen.

▌ Zucker und Eigelbe in einer großen Rührschüssel verschlagen und anschließend mit der heißen Mandelmilch verquirlen. Auf dem heißen Wasserbad rühren, bis die Masse dicklich wird. Anschließend auf Eiswürfeln kalt rühren und in der Eismaschine nach Bedienungsanleitung oder nach der Methode auf Seite 10 cremig gefrieren.

Tipp: Falls Sie keine jungen Mandeln bekommen, können Sie auch reife Mandeln verwenden. Das Eis schmeckt dann eher erdig. Wer mag, kann zusätzlich 100 Gramm Marzipanrohmasse und Zartbitterschokolade zur Eismasse geben, fertig ist das Wintereis.

Himbeer-Buttermilcheis

Ergibt 1 Liter
Zubereitung: 15 Minuten
Tiefkühlzeit: etwa 30 Minuten, je
nach Eismaschine

Zutaten

400 g frische oder tiefgekühlte
Himbeeren
150 g Sahnejoghurt
250 ml Buttermilch
160–180 g Puderzucker

▌ Die Himbeeren waschen, verlesen und 100 Gramm beiseitestellen. Die übrigen Himbeeren pürieren und mit den restlichen Zutaten vermischen. In der Eismaschine nach Bedienungsanleitung oder nach der Methode auf Seite 10 cremig gefrieren. Das Himbeer-Buttermilcheis mit frischen Himbeeren servieren.

Zweifarbiges Schokoladenmilcheis mit Schokospänen

Ergibt 1,2 Liter
Zubereitung: 45 Minuten
Tiefkühlzeit: etwa 1 Stunde, je nach
Eismaschine, plus 45 Minuten im
Eisfach

Zutaten

70 g weiße Kuvertüre
70 g Vollmilchkuvertüre
1 l Milch
2 EL Glucosesirup
6 Eigelb
140 g Zucker
1 Prise Salz
abgeriebene Schale von
½ unbehandelten Orange
1 Msp. gemahlener Koriander

Für die Schokospäne

je 150 g weiße Kuvertüre und
Vollmilchkuvertüre

▌ Die Milch mit dem Glucosesirup aufkochen. Eigelbe mit dem Zucker verschlagen und mit der heißen Milch in einer Rührschüssel verquirlen. Die Eismasse auf dem Wasserbad rühren, bis sie dicklich wird. Die heiße Eismasse auf zwei Schüsseln verteilen. Die weiße Kuvertüre und die Vollmilchkuvertüre jeweils grob hacken und jede in einen Teil der Eismasse geben. Einige Minuten warten und die Massen glatt rühren.

▌ Die Vollmilcheiscreme mit dem Orangenabrieb und dem Koriander verrühren. Beide Eismassen auf Eiswürfeln kalt rühren und nacheinander in der Eismaschine nach Bedienungsanleitung oder nach der Methode auf Seite 10 cremig gefrieren. Die Eiscreme für etwa 45 Minuten in das Eisfach stellen.

▌ Für die Schokospäne die Kuvertüren im Wasserbad separat schmelzen und auf Körpertemperatur abkühlen lassen. Die Kuvertüren mit einer Winkelpalette dünn auf eine saubere Arbeitsplatte streichen. Wenn die Kuvertüre fest geworden ist, kann man mit einem Spatel dünne Späne „abschaben".

▌ Mit einem Kugelausstecher zuerst etwas helle Eiscreme, dann die Vollmilcheiscreme aufnehmen und zweifarbige Kugeln anrichten. Mit Schokospänen bestreuen.

Tipp: Wenn Sie keine Zeit für die Schokospäne haben, schaben Sie dünne Späne direkt von der Tafel. Zum Schokoladenmicheis passt eine heiße Karamellsauce: 200 Gramm Zucker goldbraun karamellisieren, mit 500 Gramm Sahne aufgießen und mit ¼ Teelöffel Salz und nach Belieben mit etwas Vanillemark würzen. Die Sauce kochen lassen, bis sich der Karamell aufgelöst hat, und heiß servieren.

Zitronengraseis mit kandierter Zitrone

Köstlich, frisch und einfach

Ergibt 600 Milliliter
Zubereitung: 35 Minuten plus 1 Stunde ziehen
lassen und 2 – 3 Stunden trocknen
Tiefkühlzeit: etwa 30 Minuten, je nach Eismaschine,
plus 30 Minuten im Eisfach

Zutaten

4 – 6 Stiele Zitronengras
500 ml Kokosmilch
70 g brauner Zucker
abgeriebene Schale und Saft von
1 unbehandelten Limette

Für die kandierten Zitronenscheiben
1 unbehandelte Zitrone
100 g Zucker

▌ Das Zitronengras mit einem scharfen Messer in grobe Stücke schneiden. Zusammen mit der Kokosmilch, dem Zucker, dem Limettensaft und dem Limettenabrieb aufkochen und mindestens 1 Stunde, besser über Nacht ziehen lassen.

▌ In der Zwischenzeit die kandierten Zitronenscheiben zubereiten. Dazu ein Backblech mit Backpapier auslegen und den Backofen auf 90 °C vorheizen. 100 Milliliter Wasser mit dem Zucker kochen, bis sich der Zucker aufgelöst hat. Den Sirup in ein flaches Gefäß umfüllen und etwas abkühlen lassen.

▌ Die Zitrone waschen und in hauchdünne Scheiben schneiden. Jede Zitronenscheibe durch die Zuckerlösung ziehen und gut abtropfen lassen. Die Zitronenscheiben nebeneinander auf das Backpapier legen und im Ofen 2 – 3 Stunden trocknen. Zwischendurch kontrollieren, ob die Zitronenscheiben auf der Oberseite trocken aussehen, und jede Scheibe vorsichtig vom Papier lösen und umdrehen. Die Zitronenscheiben weiter trocknen, bis sie ganz karamellisiert und kross sind.

▌ Die Kokosmasse in eine Küchenmaschine geben und mixen, bis das Zitronengras grob zerkleinert ist. Die Kokosmasse nochmals erhitzen, heiß durch ein Sieb abseihen und das Zitronengras sehr gut ausdrücken. Die abgekühlte Kokosmasse in der Eismaschine nach Bedienungsanleitung oder nach der Methode auf Seite 10 cremig gefrieren und mindestens 30 Minuten einfrieren. Das Zitronengraseis mit den kandierten Zitronen servieren.

Tipp: Wer mag, kann das Zitronengraseis mit Thai-Basilikum verfeinern. Dazu vor dem Kochen einige Zweige in die Kokosmilch geben und anschließend wieder entfernen.

Frozen Joghurts

Pfirsich

Ergibt 800 Milliliter
Zubereitung: 20 Minuten
Tiefkühlzeit: etwa 30 Minuten, je nach Eismaschine

Zutaten

500 g Pfirsichfruchtfleisch von 4–5 vollreifen
Pfirsichen | 120 g Puderzucker
500 g Sahnejoghurt | Saft von ½ Zitrone

▌ Die Pfirsiche waschen, vierteln, entkernen und
fein würfeln. Zum Garnieren zwei Esslöffel Pfirsich-
würfel beiseitelegen. Den Puderzucker mit den
Pfirsichstücken in einem Topf vermischen und
15 Minuten bei ganz niedriger Hitze ziehen lassen.
▌ Nun die gezuckerten Pfirsichstücke mit dem Joghurt
und dem Zitronensaft verrühren und in der Eismaschine nach Bedienungsanleitung oder nach der
Methode auf Seite 10 cremig gefrieren. Das Eis in
gekühlten Bechern oder Gläsern anrichten und mit
den übrigen Pfirsichstücken bestreuen.

Tipp: Bestreuen Sie die Joghurts mit gehackter
Minze.

Limette

Ergibt 550 Milliliter
Zubereitung: 10 Minuten
Tiefkühlzeit: etwa 30 Minuten, je nach Eismaschine

Zutaten

300 g Joghurt | 100 g Puderzucker
100 ml Limettensaft
abgeriebene Schale von 2 unbehandelten
Limetten

▌ Den Joghurt mit dem Puderzucker, dem Limettenabrieb und -saft verrühren und in der Eismaschine
nach Bedienungsanleitung oder nach der Methode
auf Seite 10 cremig gefrieren. In gekühlten Bechern
oder Gläsern servieren.

Champagner

Ergibt 750 Milliliter
Zubereitung: 10 Minuten
Tiefkühlzeit: etwa 30 Minuten, je nach Eismaschine

Zutaten

200 g Joghurt | 200 g Crème fraîche
150 g Puderzucker | 150 ml Champagner
oder Sekt

▌Den Joghurt mit der Crème fraîche und dem
Zucker verrühren und in der Eismaschine nach
Bedienungsanleitung oder nach der Methode auf
Seite 10 gefrieren, bis er gerade stockt. Den Cham-
pagner dazugeben und den Joghurt fertig gefrieren.
In gekühlten Bechern oder Gläsern servieren.

Preiselbeere

Ergibt 700 Milliliter
Zubereitung: 10 Minuten
Tiefkühlen: etwa 30 Minuten, je nach Eismaschine,
plus 20 Minuten im Eisfach

Zutaten

100 g Preiselbeeren aus dem Glas
500 g Sahnejoghurt | 80 g Puderzucker·
Saft und abgeriebene Schale von
1 unbehandelten Limette

▌Den Sahnejoghurt mit dem Zucker, dem Limettenabrieb und -saft verrühren. In der Eismaschine nach
Bedienungsanleitung oder nach der Methode auf
Seite 10 cremig gefrieren. Zum Schluss die Preiselbeeren unterrühren. Den Joghurt 20 Minuten einfrieren und in gekühlten Bechern oder Gläsern servieren.

Variante: Bereiten Sie das Eis mit Kirschkompott
und nach Belieben mit einem Schluck Kirschwasser zu.

Tiramisu-Eiscreme mit Löffelbiskuits

Suchtgefahr: Der süß-herbe Espressokaramell, die fruchtig abgeschmeckte Mascarponeeiscreme und die luftigen Biskuits harmonieren perfekt.

Ergibt 700 Milliliter
Zubereitung: 20 Minuten
Tiefkühlzeit: etwa 30 Minuten, je nach Eismaschine, plus 20 Minuten im Eisfach

Zutaten

150 g Zucker
300 ml Espresso
50 g Honig
200 g Löffelbiskuits
2 EL Marsala
250 g Joghurt
250 g Mascarpone
80 g Puderzucker
abgeriebene Schale von je 1 unbehandelten Orange und Zitrone
Saft von 1 Orange

▍ Den Zucker in einem Topf goldbraun karamellisieren, mit dem Espresso ablöschen und den Honig dazugeben. So lange köcheln lassen, bis die Flüssigkeit etwa um zwei Drittel reduziert ist und beginnt dickflüssig zu werden. Den Espressokaramell abkühlen lassen. 16 Löffelbiskuits beiseitelegen, die übrigen zerbröseln und mit dem Marsala beträufeln.

▍ Für die Eiscreme den Joghurt und den Mascarpone mit dem Puderzucker sowie dem Orangen- und Zitronenabrieb und dem Orangensaft verrühren. Die Masse in die Eismaschine geben und nach Bedienungsanleitung oder nach der Methode auf Seite 10 cremig gefrieren.

▍ Den Kaffeekaramell und die zerbröselten Löffelbiskuits zügig unter das fertige Eis heben und etwa 20 Minuten tiefkühlen. Mit den restlichen Löffelbiskuits servieren.

Tipp: Die doppelte Menge Kaffeekaramell zubereiten und warm als Sauce dazu servieren.

Für kalte Tage: Wintereis

Draußen wird es kalt und die ersten Schnee-
flocken fallen. Kein Grund in der warmen Stube
auf ein selbst gemachtes Eis zu verzichten! Zimt,
Kardamom und Koriander sind feine Gewürze,
die perfekt mit weißer Schokolade, Punsch und
Portwein harmonieren. So schmeckt der Winter!

Weißes Schoko-Gewürzeis mit Portweinfeigen

Ergibt 750 Milliliter
Zubereitung: 50 Minuten plus 2 – 3 Stunden
ziehen lassen
Tiefkühlzeit: etwa 30 Minuten, je nach
Eismaschine

Zutaten

150 g weiße Schokolade
½ Vanilleschote | 250 ml Milch
250 ml Sahne | 1 Sternanis
je 1 Msp. gemahlener Koriander,
Zimt, Kardamom, Nelken, nach
Belieben etwas Chilipulver
abgeriebene Schale von 1 unbehandelten Orange und 1 Zitrone
3 Eigelb

Für die Portweinfeigen

6 Feigen | 200 g Zucker
300 ml Portwein | 300 ml Rotwein
1 Stange Zimt
1 Stück Schale von einer unbehan-
delten Orange | 1 EL Speisestärke

▌ Die Vanilleschote aufschlitzen und das Mark herausschaben. Beides mit der Milch, der Sahne, den Gewürzen und dem Orangen- und Zitronenabrieb aufkochen und 15 Minuten ziehen lassen. Eigelbe in einer großen Schüssel verquirlen und mit der heißen Gewürzmischung verrühren. Auf dem Wasserbad rühren, bis sie dicklich wird. Vanilleschote und Sternanis entfernen.

▌ Die weiße Kuvertüre grob hacken und in die warme Eismasse geben. Einige Minuten warten, die Masse glatt rühren und anschließend auf Eiswürfeln kalt rühren. In der Eismaschine nach Bedienungsanleitung oder nach der Methode auf Seite 10 cremig gefrieren und bis zum Servieren in das Eisfach stellen.

▌ Den Zucker in einem großen Topf karamellisieren und mit dem Portwein und dem Rotwein ablöschen. Die Zimtstange und die Orangenschale dazugeben und 5 Minuten köcheln lassen. Die Feigen mit einem Zahnstocher rundherum einstechen und in den heißen Wein legen. 2 – 3 Stunden ziehen lassen. Die Feigen, die Zimtstange und die Orangenschale herausnehmen. Den Wein nochmals aufkochen und um zwei Drittel reduzieren. Die Speisestärke mit etwas Wasser anrühren und den Portwein nach Belieben leicht binden. Die Feigen vierteln und in den heißen Portwein legen. Die warmen Feigen mit dem Gewürzeis servieren.

Zimt-Milcheis mit Vin-Santo-Orangen

Ergibt 700 Milliliter
Zubereitung: 30 Minuten
Tiefkühlzeit: etwa 30 Minuten, je nach
Eismaschine

Zutaten

3 TL gemahlener Zimt
500 ml Milch
80 g Zucker | 4 Eigelb

Für die Vin-Santo-Orangen

4 Orangen | 200 ml Vin Santo
2 EL Honig
½ – 1 TL Speisestärke

▌ Die Milch mit dem Zimt aufkochen. Eigelbe mit dem Zucker verquirlen und mit der heißen Zimt-Milch in einer großen Rührschüssel verrühren. Die Eismasse auf dem Wasserbad rühren, bis sie dicklich wird. Anschließend auf Eiswürfeln kalt rühren. In der Eismaschine nach Bedienungsanleitung oder nach der Methode auf Seite 10 cremig gefrieren und bis zum Servieren in das Eisfach stellen.

▌ Für die Vin-Santo-Orangen die Orangen schälen und filetieren. Die Orangenfilets beiseitestellen, das übrige Fruchtfleisch ausdrücken und den Saft auffangen. Den Orangensaft mit dem Vin Santo und dem Honig aufkochen und um die Hälfte reduzieren. Die Stärke mit etwas kaltem Wasser anrühren und die Orangen-Weinreduktion nach Belieben damit binden. 5 Minuten köcheln lassen. Die Orangenfilets hineingeben und heiß zum Zimt-Milcheis servieren.

Schwarzwälderkirscheis

Ergibt 700 Milliliter
Zubereitung: 50 Minuten
Tiefkühlzeit: etwa 30 Minuten, je
nach Eismaschine, plus 30 Minuten
im Eisfach

Zutaten

¼ Scheibe Schokoladen-
Biskuit (Biskuit-Rezept
siehe Seite 106)
80 g weiße Schokolade
500 ml Sahne
Mark von ½ Vanilleschote
3 Eigelb
100 g Zucker
1 Glas Sauerkirschen
(370 g Abtropfgewicht)
5 g Speisestärke
1 Stange Zimt

▌Den Backofen auf 180 °C vorheizen. Schokoladenbiskuit in feine Würfel schneiden und im Ofen kross rösten. Die Schokolade grob hacken und auf dem Wasserbad oder in der Mikrowelle schmelzen.

▌Für die Eismasse die Sahne mit Vanillemark und -schote aufkochen. Eigelbe mit 40 Gramm Zucker verquirlen und mit der heißen Vanillesahne in einer großen Rührschüssel verrühren. Die Eismasse auf dem Wasserbad rühren, bis sie dicklich wird, und anschließend auf Eiswürfeln kalt rühren.

▌In der Eismaschine nach Bedienungsanleitung oder nach der Methode auf Seite 10 gefrieren. Sobald die Masse cremig wird, die Schokolade einlaufen lassen. Das Eis aus der Maschine nehmen, die Biskuitwürfel zügig unterziehen und das Eis 30 Minuten tiefkühlen.

▌Inzwischen das Kirschkompott zubereiten: Die Kirschen durch ein Sieb abseihen, den Saft auffangen und 250 Milliliter abmessen. Die Speisestärke mit etwas kaltem Saft anrühren. Restlichen Zucker in einem großen Topf karamellisieren. Wenn er goldbraun ist, mit dem Kirschsaft ablöschen, die Zimtstange dazugeben und kochen lassen, bis er um die Hälfte reduziert ist. Die angerührte Speisestärke einrühren und weitere 5 Minuten kochen lassen. Die Kirschen in die heiße Sauce geben, kurz aufkochen und zusammen mit dem Eis servieren.

Tipp: Wer es schlanker möchte, kann die Sahne zur Hälfte oder ganz durch Milch ersetzen. Damit es schön cremig bleibt, das Eis mit 30 Gramm Zucker und zwei Esslöffeln Glucose zubereiten.

Rumrosineneis

Ergibt 700 Milliliter
Zubereitung: 30 Minuten plus
48 Stunden ziehen lassen
Tiefkühlzeit: etwa 30 Minuten,
je nach Eismaschine

Zutaten

70 g Rosinen
2 EL braunen Rum
50 g brauner Zucker
Saft und abgeriebene Schale
von ½ unbehandelten Orange
250 ml Milch | 250 ml Sahne
4 Eigelb | 80 g Zucker

▌Die Rosinen mit dem Rum, dem Zucker, dem Orangenabrieb und dem Saft sowie 60 Milliliter Wasser in einem Topf vermischen und 10 Minuten leicht erwärmen. Anschließend die Rumrosinen mindestens 48 Stunden durchziehen lassen.

▌Milch und Sahne aufkochen. Eigelbe mit dem Zucker verquirlen und mit der heißen Milch-Sahne-Mischung in einer großen Rührschüssel verschlagen. Die Eismasse auf dem Wasserbad rühren, bis sie dicklich wird. Anschließend auf Eiswürfeln kalt rühren. In der Eismaschine nach Bedienungsanleitung oder nach der Methode auf Seite 10 gefrieren. Sobald das Eis cremig wird, die Rumrosinen einrühren und das Eis in 5 Minuten fertig abfrieren.

Malzbiereis in der Knusperwaffel

Es lohnt sich verschiedene Biersorten auszuprobieren. Köstlich schmeckt dieses Rezept zum Beispiel mit einem Honigbier aus der Provence.

Ergibt 700 Milliliter Eis und etwa 20 Waffeln
Zubereitung: 45 Minuten plus 2 Stunden ruhen lassen
Tiefkühlzeit: 30 Minuten, je nach Eismaschine

Zutaten

500 ml Malzbier
4 Eigelb
90 g Zucker
abgeriebene Schale von 1 unbehandelten Orange
50 g Crème fraîche

Für die Waffeln
80 g Butter
100 g Zucker
Mark von ½ Vanilleschote
1 Ei
175 g Mehl

▌ Für den Waffelteig die weiche Butter mit dem Zucker und dem Vanillemark schaumig schlagen. Das Ei einrühren, danach das Mehl und 125 Milliliter Wasser unterrühren. Den Waffelteig 2 Stunden ruhen lassen. In einem Hörnchenautomat anschließend dünne Waffeln backen. Jede Waffeln sofort nach dem Backen zu einer Schale formen. Dazu legt man die Waffel am besten über umgedrehte Gläser oder Schälchen und lässt sie so erkalten.

▌ Für das Malzbiereis die Eigelbe mit dem Zucker und dem Orangenabrieb cremig aufschlagen. Die Crème fraîche und das Malzbier dazugeben und die Masse auf dem heißen Wasserbad so lange rühren, bis sie dicklich wird. In einem Hörnchenautomat anschließend auf Eiswürfeln kalt rühren und in der Eismaschine nach Bedienungsanleitung oder nach der Methode auf Seite 10 cremig gefrieren.

▌ Das Malzbiereis in den Knusperwaffeln servieren und nach Belieben mit Mandelkrokant oder Ahornsirup garnieren.

Tipp: Die Knusperwaffeln lassen sich genauso gut zu Hörnchen formen. Dabei hilft ein extra „Hörnchen-Former" aus Holz.

Kürbis-Ingwer-Eis mit Hippen

Ergibt 1 Liter
Zubereitung: 45 Minuten
Tiefkühlzeit: etwa 30 Minuten,
je nach Eismaschine

Zutaten

250 g Fruchtfleisch vom
Hokkaido-Kürbis | 20 g frischer
Ingwer | 350 ml Karottensaft
Saft von 3 Orangen und
1 Zitrone | Abrieb von je
1 unbehandelten Orange und
1 Zitrone | 150 g Zucker
4 Eigelb | 150 g kalte Butter

Für die Hippen
100 g Puderzucker
100 g Eiweiß | 100 g Mehl
75 g flüssige Butter

▌Den Ingwer schälen und sehr fein hacken. Den Kürbis in grobe Stücke schneiden und mit dem Ingwer, dem Karottensaft, dem Orangen- und Zitronensaft, dem Orangen- und Zitronenabrieb und dem Zucker aufkochen und 15 Minuten kochen lassen.

▌Anschließend in einer Küchenmaschine oder mit dem Stabmixer pürieren. Die Eier verquirlen und unterrühren. Die Butter in die noch heiße Masse geben und mixen, bis sie sich aufgelöst hat und eine homogene Masse entstanden ist. Sofort heiß in der Eismaschine nach Bedienungsanleitung oder nach der Methode auf Seite 10 cremig gefrieren und bis zur Verwendung in das Eisfach stellen.

▌Für die Hippen ein Backblech mit Backpapier auslegen und den Backofen auf 180 °C vorheizen. Den Puderzucker mit dem Eiweiß verrühren und mit dem gesiebten Mehl und der flüssigen Butter zu einem glatten Teig verrühren. Den Teig mit einer Winkelpalette in dünnen Streifen auf das Backpapier streichen. Die Hippen je nach Dicke in 10–15 Minuten goldgelb backen. Aus dem Ofen nehmen und 2 Minuten stehen lassen. Die noch warmen Hippen vorsichtig vom Papier lösen und erkalten lassen.

Tipp: Solange die Hippen warm sind, kann man sie formen. Einfach die lauwarmen Teigstreifen in Tassen legen und erkalten lassen.

Weißes Nugateis

Ergibt 700 Milliliter
Zubereitung: 45 Minuten
Tiefkühlzeit: etwa 30 Minuten,
je nach Eismaschine

Zutaten

100 g weißer Nugat
250 ml Milch | 250 ml Sahne
Mark von ½ Vanilleschote
abgeriebene Schale von
½ unbehandelten Orange
4 Eigelb | 60 g Zucker
2 EL Rosenblütenwasser
1 EL Zitronat | 1 EL Orangeat
50 g gehäutete Mandeln
50 g Pistazien

▌80 Gramm Nugat fein würfeln, auf einem Blech verteilen und einige Tage trocknen lassen. In einer Küchenmaschine fein mahlen.

▌Milch, Sahne, Vanillemark und Orangenabrieb aufkochen. Eigelbe mit dem Zucker verquirlen und mit der heißen Milch-Sahne-Mischung in einer großen Rührschüssel verschlagen. Die Masse auf dem Wasserbad so lange rühren, bis sie dicklich wird. Anschließend auf Eiswürfeln kalt rühren. Das Rosenblütenwasser und den gemahlenen Nugat in die Eismasse rühren und diese in der Eismaschine nach Bedienungsanleitung oder nach der Methode auf Seite 10 cremig gefrieren.

▌Zitronat und Orangeat hacken. Die Mandeln und die Pistazien in einer Pfanne ohne Fett rösten und ebenfalls hacken. Sobald das Eis cremig wird, alles zügig unterziehen. Das Eis mit dem restlichen Nugat servieren.

Punsch-Eis mit Gewürzstreuseln

**Ergibt 950 Milliliter Eis oder
8 Gläser à 100–150 Milliliter
Zubereitung: 50 Minuten
Tiefkühlzeit: etwa 30 Minuten, je
nach Eismaschine plus 20 Minuten
im Eisfach**

Zutaten

750 ml Rotwein | 150 ml roter
Portwein | 300 g Zucker
abgerieben Schale von je
1 unbehandelten Orange und
1 Zitrone | 1 Stange Zimt
1 Sternanis | 1 Nelke | 4 Eigelb
300 g Butter

Für die Gewürzstreusel
150 g Mehl | 1 Prise Salz
1 Msp. gemahlener Zimt
75 g Zucker | 100 g kalte Butter

▌ Die Gläser in das Eisfach stellen. Für das Punscheis den Rotwein aufkochen und auf 600 Milliliter reduzieren lassen. Dann den Portwein unterrühren. Zucker, Orangen- und Zitronenabrieb und Gewürze zugeben, aufkochen und 10 Minuten köcheln lassen. Mindestens 30 Minuten ziehen lassen.

▌ In der Zwischenzeit für die Streusel den Backofen auf 180 °C (Ober-/Unterhitze) vorheizen und ein Backblech mit Backpapier auslegen. Das Mehl mit dem Salz, dem Zimt und dem Zucker mischen und zügig mit der kalten Butter verreiben. Die Streusel auf das Backblech bröseln und in 15–20 Minuten goldbraun backen.

▌ Den Rotwein nochmals aufkochen und anschließend durch ein Sieb abseihen. 600 Milliliter Rotwein für das Eis abmessen, den Rest beiseitestellen. Die kalte Butter würfeln und zusammen mit dem Eigelb in den heißen Rotwein geben. Die Masse sofort mit einem Stabmixer homogenisieren. Die Rotweinmasse unter gelegentlichem Rühren abkühlen lassen und in der Eismaschine nach Bedienungsanleitung oder nach der Methode auf Seite 10 cremig gefrieren. Das Punsch-Eis für 30 Minuten in das Eisfach stellen.

▌ Den restlichen Wein zu einem dickflüssigen Gewürzkaramell reduzieren. Das Eis zusammen mit den Streuseln und dem abgekühlten Karamell in die kalten Gläser schichten und sofort servieren.

Weihnachtsmandel-Eis

**Ergibt 750 Milliliter
Zubereitung: 30 Minuten
Tiefkühlzeit: etwa 30 Minuten, je
nach Eismaschine**

Zutaten

100 g Weihnachtsmandeln
(Schoko-Nugat-Mandeln)
500 ml Milch
abgeriebene Schale von
½ unbehandelten Orange
Mark von ½ Vanilleschote
2 Eigelb | 1 Ei
60 g brauner Zucker
50 g weiße Kuvertüre
1 EL Amaretto | 1 EL Cognac

▌ Die Mandeln hacken und zwei Esslöffel zum Garnieren beiseitestellen. Die Milch mit dem Orangenabrieb und dem Vanillemark aufkochen. Die Eigelbe und das Ei in einer großen Rührschüssel mit dem Zucker verquirlen. Die heiße Gewürzmilch unterrühren und über dem Wasserbad schlagen, bis die Masse dicklich wird.

▌ Die Schokolade grob hacken und in die heiße Masse geben. Amaretto und Cognac einrühren und die Eismasse unter Rühren erkalten lassen. In der Eismaschine nach Bedienungsanleitung oder nach der Methode auf Seite 10 cremig gefrieren. Die Weihnachtsmandeln zügig einrühren und servieren.

Orangen-Schokosorbet mit Orangencrisps

Orangen und Schokolade wollen im Winter einfach zusammen gegessen werden, und zwar in jedem Aggregatszustand.

Ergibt 900 Milliliter
Zubereitung: 50 Minuten plus 2 – 3 Stunden trocknen
Tiefkühlzeit: etwa 30 Minuten, je nach Eismaschine

Zutaten

50 g Kakaopulver | 150 g Zucker
abgeriebene Schale von 1 unbehandelten
Orange | 250 g Zartbitterkuvertüre
Saft von 2 Bio-Orangen | 2 cl Orangenlikör

Für die Orangencrisps
1 unbehandelte Orange | 100 g Zucker
100 ml Wasser | Zucker zum Wenden
200 g Zartbitterkuvertüre für die
Schokoplatten

▌ Das Kakaopulver mit etwas Wasser anrühren. Den angerührten Kakao mit 500 Milliliter Wasser, dem Zucker und dem Orangenabrieb aufkochen. Anschließend durch ein Sieb abseihen.

▌ Die Schokolade grob hacken und in die noch heiße Flüssigkeit geben. Einige Minuten warten, bis die Schokolade sich aufgelöst hat, und mit einem Stabmixer oder mit einem Schneebesen mixen.

▌ Den Orangensaft und den Orangenlikör unter das Schokosorbet rühren, abkühlen lassen und in der Eismaschine nach Bedienungsanleitung oder nach der Methode auf Seite 10 cremig gefrieren.

▌ Für die Orangencrisps den Backofen auf 80 °C vorheizen und ein Backblech mit Backpapier belegen. Den Zucker und 100 Milliliter Wasser aufkochen, 5 Minuten kochen und dann abkühlen lassen. Die Orange gut abwaschen und in hauchdünne Scheiben schneiden. Jede Scheiben in den Sirup tauchen, dann in Zucker wenden und nebeneinander auf das Backpapier legen.

▌ Die Orangenscheiben im Ofen 2 – 3 Stunden trocknen. Die Scheiben nach 1,5 Stunden vorsichtig vom Papier lösen und umdrehen. Die fertigen Scheiben abkühlen lassen, umdrehen und so lange trocknen, bis sie bei Zimmertemperatur kross werden. Die Scheiben in einer verschlossenen Box oder im Zucker lagern.

▌ Für die Schokoplatten die Zartbitterkuvertüre über dem Wasserbad oder in der Mikrowelle schmelzen und so weit abkühlen lassen, dass sie gerade noch flüssig ist. Die Schokolade mit einer Winkelpalette dünn auf Backpapier aufstreichen und trocknen lassen. Vor dem Servieren die Schokolade in Stücke brechen und mit dem Sorbet und den Orangencrisps servieren.

Tipp: Die Orangenscheiben können Sie einfach in einem Schraubglas mit Zucker lagern. So ziehen sie kein Wasser und werden nicht weich. Darüber hinaus bekommt der Zucker ein dezentes Orangenaroma.

Chicorée-Karamelleis im Zuckergitter

Der Chicorée gibt diesem Eis eine angenehme, leicht bittere Note.

Ergibt 700 Milliliter
Zubereitung: 50 Minuten plus 12 Stunden ziehen lassen
Tiefkühlzeit: etwa 30 Minuten, je nach Eismaschine

Zutaten

3–4 Chicoréeköpfe
80 g Zucker
250 g Milch
250 g Sahne
4 Eigelb

Für die Zuckergitter

100 g Zucker
50 ml Wasser

▌ Den Chicorée waschen, den Strunk abschneiden und die Köpfe in grobe Stücke schneiden. Den Zucker in einem großen Topf goldgelb karamellisieren. Mit der Milch und der Sahne ablöschen, den Chicorée zugeben und köcheln lassen, bis sich alle Karamellstücke aufgelöst haben. Die Chicorée-Milch-Sahne-Mischung über Nacht ziehen lassen.

▌ Den Chicorée-Aufguss nochmals erwärmen und durch ein Sieb abseihen. Die Eigelbe in einer großen Rührschüssel verquirlen und mit der heißen Milch-Sahne-Mischung verschlagen. Auf dem Wasserbad rühren, bis die Masse dicklich wird. Anschließend auf Eiswürfeln kalt rühren und in der Eismaschine nach Bedienungsanleitung oder nach der Methode auf Seite 10 cremig gefrieren.

▌ Für die Zuckergitter den Zucker und das Wasser in einem Topf karamellisieren. Die Wölbung einer Suppenkelle mit Öl einpinseln. Sobald der Karamell bernsteinfarben ist, den Zucker vom Herd nehmen und 2 Minuten warten. Wenn der Karamell etwas dickflüssig wird, mit einem Löffel ein Netz aus möglichst dünnen Karamellfäden über die Kelle „spinnen". Das Karamellnetz kurz fest werden lassen und vorsichtig von der Kelle abnehmen.

▌ Das Chicoréeeis in den Zuckergittern anrichten und mit dem restlichen Karamell beträufeln.

Tipp: Verzweifeln Sie nicht, die Arbeit mit Zucker verlangt sehr viel Übung und etwas Fingerspitzengefühl. Die fertigen Zuckergitter sind extrem empfindlich, da sie schnell Feuchtigkeit ziehen und zusammenkleben. Am besten schnell verbrauchen oder mit Papier getrennt in einer luftdichten Dose aufbewahren. Um karamellverklebtes Kochgeschirr wieder sauber zu bekommen, einfach mit Wasser aufkochen und einige Minuten abwarten.

Leichte Sorbets und Granitées

Der Ursprung unserer Eiskultur ist das fruchtig-leichte Sorbet: Gefrorenes Zuckerwasser, das schon die Römer erfreute. An heißen Sommertagen gibt es nichts Erfrischenderes! Die Zubereitung ist kinderleicht und dank der Zutaten wie Kräuter, reife Früchte, Zucker und Wasser ist es deutlich leichter als Cremeeis.

Grundrezept Sorbet

Weiche Früchte wie Beeren, Mangos und Bananen werden roh mit Zuckersirup oder Puderzucker püriert und cremig gefroren. Harte Früchte wie Äpfel, Quitten und Birnen, werden erst mit Zucker und nach Belieben mit Gewürzen weich gekocht, dann püriert und cremig gefroren. Für Kräutersorbets kochen Sie aus Zucker, Wasser, etwas Säure und Kräutern einen Sud, den Sie nach Belieben mit Kräuterblättern pürieren. Bei Früchtesorbets, die nicht gekocht werden, verwende ich am liebsten Puderzucker, da er kein überflüssiges Wasser in die Masse bringt. Ein Viertel können Sie durch Glucose ersetzen. Sie ist weniger süß als Haushaltszucker, bindet aber mehr Wasser und macht das Sorbet besonders cremig.

Erdbeersorbet

Ergibt 570 Milliliter
Zubereitung: 15 Minuten
Tiefkühlzeit: etwa 30 Minuten, je nach Eismaschine

Zutaten

600 g reife Erdbeeren
70–80 g Puderzucker
Saft von 1 Limette

▍ Die Erdbeeren waschen, putzen und in grobe Stücke schneiden (1). Mit dem Puderzucker und dem Limettensaft vermischen und 10 Minuten ziehen lassen (2). Mit dem Stabmixer pürieren. Das Erdbeerpüree in die Eismaschine geben (3) und nach Bedienungsanleitung oder nach der Methode auf Seite 10 cremig gefrieren.

Bratapfelsorbet

Ergibt 1 Liter
Zubereitung: 30 Minuten
Tiefkühlen: etwa 30 Minuten, je nach Eismaschine

Zutaten

1 kg saure Äpfel (z. B. Boskop) | 150 g Zucker
200 ml Apfelsaft | 1 Zimtstange | 1 Sternanis
1 Prise Nelkengewürz | 1 Prise Mazis
(Muskatblüte) | Mark von ½ Vanilleschote
Saft und etwas Schale von 1 unbehandelten
Orange

▍ Die Äpfel schälen, entkernen und in grobe Stücke schneiden (4). 800 Gramm Apfelstücke abwiegen. Den Zucker in einem großen Topf karamellisieren, mit dem Apfelsaft ablöschen und köcheln lassen, bis sich der Karamell aufgelöst hat.

▍ Die Apfelstücke, die Gewürze, das Vanillemark, die Orangenschale und den Saft hinzugeben, den Deckel halb auflegen und alles 20 Minuten köcheln lassen (5).

▍ Zimtstange, Sternanis und Orangenschale herausnehmen und mit dem Stabmixer fein pürieren (6). Erkalten lassen und in der Eismaschine nach Bedienungsanleitung oder nach der Methode auf Seite 10 cremig gefrieren.

Basilikumsorbet mit gebratener Mango

Ergibt 900 Milliliter
Zubereitung: 30 Minuten
Tiefkühlzeit: etwa 30 Minuten, je
nach Eismaschine, plus 20 Minuten
im Eisfach

Zutaten

6–8 Bund Basilikum
150 g Zucker
3 EL Glucose
abgeriebene Schale von
½ unbehandelten Zitrone
250 ml Zitronensaft (von
4–5 Zitronen)
1 Mango
1–2 TL brauner Zucker
Saft von ½ Limette
Butter zum Braten

▌ Den Zucker mit 500 Milliliter Wasser, der Glucose und dem Zitronenabrieb aufkochen und abkühlen lassen. Das Basilikum waschen und zupfen. Einige Blätter zum Garnieren beiseitelegen.

▌ Die restlichen Blätter mit der Zuckerlösung pürieren, durch ein Sieb abseihen und dabei das Basilikum mit einer Kelle sehr gut ausdrücken. Die Reste aus dem Sieb wiederum in die Flüssigkeit geben und das Sorbet noch einmal durchdrücken. Diesen Vorgang nach Belieben wiederholen, so wird das Sorbet schön grün. Den Zitronensaft zugeben und die Masse in der Eismaschine nach Bedienungsanleitung oder nach der Methode auf Seite 10 cremig gefrieren. Das Sorbet im Eisfach 20 Minuten fest werden lassen.

▌ Inzwischen die Mango schälen, halbieren und in Würfel schneiden. Die Butter in einer beschichteten Pfanne zerlassen und die Mangowürfel darin von jeder Seite etwa 2 Minuten braten. Zum Ende der Bratzeit mit Zucker bestreuen und mit dem Limettensaft beträufeln. Wer mag, kann die Würfel auf Spieße stecken. Mit dem Basilikumsorbet servieren.

Tipp: Das Mangofruchtfleisch pürieren und als Sauce servieren. Sehr fein ist es, wenn man sie mit Piment d'Espelette abschmeckt.

Zitronensorbet

Ergibt 1 Liter
Zubereitung: 30 Minuten
Tiefkühlzeit: etwa 30 Minuten, je
nach Eismaschine, plus 40 Miunten
im Eisfach

Zutaten

560 ml frisch gepresster Zitronensaft (von 8–10 Zitronen)
abgeriebene Schale von
2 unbehandelten Zitronen
290 g Zucker
2 Eiweiß

▌ 250 Gramm Zucker mit 90 Milliliter Wasser und dem Zitronenabrieb aufkochen, durch ein Sieb abseihen und abkühlen lassen. Anschließend den Zitronensaft zugeben.

▌ Eine Rührschüssel kalt stellen. Die Sorbetmasse in der Eismaschine nach Bedienungsanleitung oder nach der Methode auf Seite 10 cremig gefrieren.

▌ Das Eiweiß mit dem restlichen Zucker cremig-steif schlagen und in der kalten Rührschüssel mit dem Sorbet zügig verrühren. In eine Schale füllen und für 40 Minuten in das Eisfach stellen. Vor dem Servieren noch einmal kurz aufrühren und sofort anrichten.

Tipp: Aromatisieren Sie das Zitronensorbet mit Ingwer oder Zitronengras. Dafür im ersten Schritt einfach 10–20 Gramm geriebenen Ingwer oder zwei Stangen in Stücke geschnittenes Zitronengras mit aufkochen und 20 Minuten ziehen lassen.

Honig-Ingwersorbet mit Croustillons

Ergibt 900 Milliliter
Zubereitung: 40 Minuten
Tiefkühlzeit: etwa 30 Minuten, je nach
Eismaschine, plus 20 Minuten im Eisfach

Zutaten

30 g frischer Ingwer
250 g Zucker | 150 ml Weißwein (Spätlese)
450 ml Wasser | 50 g kandierter Ingwer
Saft von 1 Orange und 1 Zitrone
Honig zum Servieren

Für die Croustillons

100 g Puderzucker | 50 g flüssige Butter
35 g Orangensaft | 25 ml Grand Marnier
100 g gemahlene Mandeln | 20 g Mehl
abgeriebene Schale von ½ unbehandelten
Orange

Butter zum Braten

▍Den Ingwer schälen und sehr fein würfeln. Den Zucker in einem großen Topf karamellisieren, mit dem Weißwein und dem Wasser ablöschen und alles aufkochen. Den Ingwer hinzugeben und alles 5 Minuten sprudelnd kochen lassen. Die Sorbetmasse abkühlen lassen und durch ein Sieb abseihen. Inzwischen den kandierten Ingwer sehr fein hacken. Den Orangen- und den Zitronensaft zur Sorbetmasse geben und in der Eismaschine nach Bedienungsanleitung oder nach der Methode auf Seite 10 cremig gefrieren. Sobald die Masse cremig ist, den kandierten Ingwer einrühren und das Sorbet für mindestens 30 Minuten in das Eisfach stellen.

▍Für die Croustillons den Backofen auf 180 °C vorheizen. Ein Backblech mit Backpapier auslegen. Alle Zutaten zu einem glatten Teig verrühren. Mit einer Winkelpalette dünne Kreise aufstreichen und diese in 10–15 Minuten goldbraun backen.

▍Das Backblech aus dem Ofen nehmen und einige Minuten erkalten lassen. Erst dann die noch warmen Croustillons vom Blech lösen und mit dem Sorbet und etwas flüssigem Honig servieren.

Tipp: Die warmen Croustillons über ein umgedrehtes Schälchen legen und so ganz einfach formen.

Lavendelsorbet

Ergibt 800 Milliliter
Zubereitung: 10 Minuten
Tiefkühlzeit: etwa 30 Minuten, je nach
Eismaschine, plus 20 Minuten im Eisfach

Zutaten

3–4 EL getrocknete Lavendelblüten
550 ml Weißwein
150 ml Lavendelblütensirup
100 g Zucker | 50 g Wildblütenhonig
200 g Sahne
2 EL Glucose

▍Den Weißwein mit den Lavendelblüten, dem Sirup, dem Zucker, dem Honig, der Sahne und der Glucose zum Kochen bringen. Den Sud mit einem Deckel bedecken und 15 Minuten ziehen lassen.

▍Anschließend durch ein Sieb abseihen und erkalten lassen. Die Masse dann in der Eismaschine nach Bedienungsanleitung oder nach der Methode auf Seite 10 cremig gefrieren. Im Eisfach mindestens 20 Minuten fest werden lassen und servieren.

Tipp: Dazu schmecken die Croustillons vom Honig-Ingwersorbet.

Sorbets für heiße Sommertage

Blaubeersorbet

Ergibt 800 Milliliter
Zubereitung: 10 Minuten
Tiefkühlzeit: etwa 30 Minuten, je nach
Eismaschine, plus 20 Minuten im Eisfach

Zutaten

700 g Blaubeeren
70 g Puderzucker
Saft von 1 Orange

▌ Die Blaubeeren waschen und verlesen. 100 Gramm
Blaubeeren zum Garnieren beiseitelegen. Die rest-
lichen Beeren mit dem Puderzucker und dem
Orangensaft pürieren und in der Eismaschine nach
Bedienungsanleitung oder nach der Methode auf
Seite 10 cremig gefrieren. Im Eisfach mindestens
20 Minuten fest werden lassen und servieren.

Melonensorbet

Ergibt 600 Milliliter
Zubereitung: 15 Minuten
Tiefkühlzeit: etwa 30 Minuten, je nach
Eismaschine, plus 20 Minuten im Eisfach

Zutaten

500 g Fruchtfleisch einer reifen Galia-,
Honig- oder Cantaloupemelone
10 g Honig
60 g Puderzucker
Saft von 1 Zitrone und 1 Orange
150 ml Champagner

▌ Die Melone halbieren und mit einem Löffel entkernen. Die Kerne durch ein Sieb abseihen und den
Saft auffangen. Den Saft mit dem Honig erwärmen
und verrühren.
▌ Die Melone schälen, in grobe Stücke schneiden und
in eine Küchenmaschine geben. Den Honig-Saft,
den Puderzucker sowie den Zitronen- und Orangensaft zugeben und alles pürieren.
▌ Den Champagner untermischen und in der Eismaschine nach Bedienungsanleitung oder nach der
Methode auf Seite 10 cremig gefrieren. Im Eisfach
mindestens 20 Minuten fest werden lassen und
servieren.

Tipp: Für Kinder ersetzen Sie den Champagner
durch eine hochwertige Melonen- oder Zitronenlimonade.

Exotisches Fruchtsorbet

Ergibt 1 Liter
Zubereitung: 15 Minuten
Tiefkühlzeit: etwa 30 Minuten, je nach Eismaschine

Zutaten

4 Kiwis
150 g Ananasfruchtfleisch
250 g Mangofruchtfleisch
250 g Bananenfruchtfleisch
200 ml Passionsfruchtsaft
Saft von 2 Limetten
100 g Puderzucker

▌ Die Kiwis schälen. Eine Kiwi zum Garnieren beiseitelegen. Die restlichen Früchte grob würfeln und
zusammen mit dem Passionsfruchtsaft, dem Limettensaft und dem Puderzucker in der Küchenmaschine pürieren. In der Eismaschine nach Bedienungsanleitung oder nach der Methode auf Seite 10
cremig gefrieren. Die übrige Kiwi in dünne Scheiben
schneiden und das Sorbet damit servieren.

Pfirsich-Himbeer-Sorbet

Ergibt 700 Milliliter
Zubereitung: 15 Minuten
Tiefkühlzeit: etwa 30 Minuten, je nach Eismaschine

Zutaten

300 g Fruchtfleisch reifer Pfirsiche (von
4–5 Pfirsichen)
300 g Himbeeren
60 g Puderzucker
Saft von 1 Limette

▌ Die Pfirsiche 2 Minuten in kochendem Wasser
blanchieren und häuten. Die Pfirsiche halbieren,
entkernen und das Fruchtfleisch grob würfeln.
▌ Die Himbeeren waschen und verlesen. 100 Gramm
Himbeeren beiseitelegen, die restlichen Beeren
mit dem Pfirsichfruchtfleisch, dem Puderzucker und
dem Limettensaft pürieren. In der Eismaschine
nach Bedienungsanleitung oder nach der Methode
auf Seite 10 cremig gefrieren und mit den restlichen
Himbeeren servieren.

Pfefferminz-Schoko-Sorbet mit Kakaoblättern

Ergibt 1 Liter
Zubereitung: 45 Minuten
Tiefkühlzeit: etwa 60 Minuten, je nach
Eismaschine

Zutaten

Für das Minzsorbet
4 Bund frische Nana-Minze | 75 g Zucker
2 EL Glucose | 125 ml frisch gepresster
Zitronensaft (von 4–5 Zitronen)

Für das Schokosorbet
75 g Zucker | 150 g Zartbitterschokolade

Für die Kakaoblätter
40 g Kakao | 70 g Mehl
100 g Puderzucker | 100 ml Milch
100 g Eiweiß | 100 g zerlassene Butter

▌ Für das Minzsorbet die Minze waschen und zupfen. Einige Blätter zum Garnieren beiseitelegen. Die Stiele mit 250 Milliliter Wasser, dem Zucker und der Glucose aufkochen und abkühlen lassen. Die Stiele herausnehmen und den Sirup mit den Minzeblättern in eine Küchenmaschine geben. Die Masse fein pürieren, nach Belieben durch ein Sieb abseihen und den Zitronensaft dazugeben. In der Eismaschine nach Bedienungsanleitung oder nach der Methode auf Seite 10 cremig gefrieren und bis zur Verwendung in das Eisfach stellen.

▌ Für das Schokosorbet 340 Milliliter Wasser mit dem Zucker aufkochen. Die Schokolade raspeln, in das Zuckerwasser geben und glatt rühren. Unter Rühren etwa 8–10 Minuten kochen lassen, bis die Masse sirupartig ist. Vom Herd nehmen und abkühlen lassen. Ebenfalls cremig gefrieren und bis zur Verwendung, aber höchstens 30 Minuten, in das Eisfach stellen.

▌ Inzwischen die Kakaoblätter zubereiten. Dazu den Backofen auf 180 °C vorheizen und ein Backblech mit Backpapier auslegen. Den Kakao, das Mehl und den Puderzucker sieben und mit der Milch, dem Eiweiß und der Butter zu einem glatten und zähflüssigen Teig verrühren. Den Teig dünn in Streifen auf das Backpapier streichen und in 10–15 Minuten kross backen.

▌ Aus beiden Sorbets mit einem Eisportionierer zweifarbige Kugeln abstechen und mit den Kakaoblättern und einigen Minzblättchen servieren.

Verbene-Sorbet

Ergibt 650 Milliliter
Zubereitung: 25 Minuten
Tiefkühlzeit: etwa 30 Minuten, je nach
Eismaschine

Zutaten

100 g getrocknete Verbene (Eisenkraut)
abgeriebene Schale und Saft von
1 unbehandelten Zitrone | 250 g Zucker
2 EL Glucose | 200 ml Weißwein

▌ Die Verbene mit 250 Milliliter Wasser, dem Zitronenabrieb, dem Zucker und der Glucose aufkochen und 20 Minuten ziehen lassen. Durch ein Sieb abseihen und abkühlen lassen.

▌ Den Zitronensaft und den Weißwein zur Sorbetmasse geben und in der Eismaschine nach Bedienungsanleitung oder nach der Methode auf Seite 10 cremig gefrieren. Im Eisfach mindestens 20 Minuten fest werden lassen und servieren.

Ofen-Pfirsichsorbet mit Zitronen-thymian und Granatapfel-Kompott

Im Ofen bekommen die Pfirsiche eine schöne Karamellnote und ein duftiges Thymianaroma.

Ergibt 1 Liter
Zubereitung: 40 Minuten
Tiefkühlzeit: etwa 30 Minuten, je nach Eismaschine

Zutaten

1,1 kg reife Pfirsiche
einige Zweige Zitronenthymian
100 g brauner Zucker
Saft von 1 Zitrone

Für das Granatapfel-Kompott
1 Granatapfel
300 ml Rotwein
150 g Honig

▌Den Backofen auf 200 °C vorheizen. Die Pfirsiche 2 Minuten in kochendem Wasser blanchieren und anschließend häuten. Die Pfirsiche halbieren, entkernen und auf ein Blech setzen. Den Zitronenthymian darüberzupfen, die Pfirsichhälften mit dem braunen Zucker bestreuen und mit dem Zitronensaft beträufeln. Auf der oberen Schiene des Backofens etwa 20 Minuten backen, bis der Zucker karamellisiert ist und die Pfirsiche weich sind.

▌Die Pfirsiche zusammen mit dem Sud in eine Küchenmaschine geben und pürieren. Das Kompott erkalten lassen und in der Eismaschine nach Bedienungsanleitung oder nach der Methode auf Seite 10 cremig gefrieren. Bis zur Verwendung einfrieren.

▌Inzwischen das Granatapfelkompott zubereiten. Dazu den Rotwein mit dem Honig aufkochen und um zwei Drittel reduzieren. Die Granatäpfel entkernen und die Kerne zur Rotweinreduktion geben und aufkochen. Das Kompott heiß oder kalt zum Sorbet servieren.

Tipp: Das Granatapfelkompott lässt sich mit Gewürzen verfeinern. Geben Sie etwas Orangenschale, Zimt und Sternanis zum Rotwein und lassen ihn dann reduzieren.

Aromatische Herbstsorbets

Hagebuttensorbet

Ergibt 800 Milliliter
Zubereitung: 10 Minuten
Tiefkühlzeit: etwa 30 Minuten, je nach Eismaschine

Zutaten

450 g ungesüßtes Hagebuttenmark
200 ml Apfelsaft oder Cidre
etwas Schale von 1 unbehandelten Orange
50 g Honig | 100 brauner Zucker

▌ Den Apfelsaft mit der Orangenschale, dem Honig und dem Zucker aufkochen und 10 Minuten ziehen lassen. Anschließend die Orangenschale herausnehmen. Das Hagebuttenmark unterrühren und in der Eismaschine nach Bedienungsanleitung oder nach der Methode auf Seite 10 cremig gefrieren.

Holundersorbet

Ergibt 700 ml
Zubereitung: 25 Minuten
Tiefkühlzeit: etwa 30 Minuten, je nach Eismaschine

Zutaten

400 ml Holundersaft
200 g geschälte und entkernte Äpfel
(von 2 Äpfeln)
100 g brauner Zucker

▌ Die Äpfel grob würfeln. Den Holundersaft mit den Apfelstücken und dem Zucker aufkochen und 10 Minuten kochen lassen. Mit dem Stabmixer pürieren und erkalten lassen. In der Eismaschine nach Bedienungsanleitung oder nach der Methode auf Seite 10 cremig gefrieren.

Quittensorbet

Ergibt 800 Milliliter
Zubereitung: 10 Minuten plus Entsaften
Tiefkühlzeit: etwa 30 Minuten, je nach Eismaschine

Zutaten

1 kg Quitten
1 Zimtstange
70 g Ahornsirup

▌ Die Quitten waschen, entkernen und in grobe Stücke schneiden. Zusammen mit der Zimtstange in den Dampfentsafter geben und entsaften. Das Frucht-

fleisch pürieren und durch ein Sieb streichen.
250 Gramm abwiegen. Vom Quittensaft 500 Milliliter abmessen und mit dem Fruchtmark und dem
Ahornsirup vermischen. Das Sorbet in der Eismaschine nach Bedienungsanleitung oder nach der
Methode auf Seite 10 cremig gefrieren.

Tipp: Wer keinen Dampfentsafter hat, der kann im
Reformhaus Quittensaft und Quittenpüree kaufen.

Geeister Pflaumenröster

Ergibt 950 Milliliter
Zubereitung: 40 Minuten
Tiefkühlzeit: etwa 30 Minuten, je nach Eismaschine

Zutaten

800 g Pflaumen
150 g Zucker
1 Msp. Zimt
1 Msp. gemahlenes Nelkengewürz,
nach Geschmack
Saft von 2 Orangen

▌ Den Backofen auf 200 °C vorheizen. Die Pflaumen
waschen, halbieren und entsteinen, dann auf einem
Backblech verteilen. Die Pflaumen mit dem Zucker,
dem Zimt und dem Nelkengewürz bestreuen und
mit dem Orangensaft beträufeln.

▌ Auf der oberen Schiene des Backofens 20–25 Minuten backen, danach in eine Küchenmaschine
geben und pürieren. Abkühlen lassen und in der
Eismaschine nach Bedienungsanleitung oder nach
der Methode auf Seite 10 cremig gefrieren.

Hollerblütensorbet mit gebackenen Blüten

Duftige Holunderblüten – einmal cremig kalt und einmal heiß und kross

Ergibt 750 Milliliter
Zubereitung: 50 Minuten plus 12 Stunden ziehen lassen
Tiefkühlzeit: etwa 30 Minuten, je nach Eismaschine

Zutaten

3 Handvoll Holunderblüten
150 g Zucker
2 EL Glucose
500 ml Sekt
Saft von 1 Zitrone

Für die gebackenen Blüten
16 schöne Holunderblütendolden
2 Eier
125 ml Weißwein
125 g Mehl
Pflanzenöl zum Frittieren
Puderzucker zum Bestäuben

▌ Für das Holunderblütensorbet 100 Milliliter Wasser mit dem Zucker und der Glucose aufkochen. Den Sekt und den Zitronensaft dazugießen und die Holunderblüten darin einlegen. Die Blüten über Nacht, besser 2 Wochen ziehen lassen.

▌ Den Holunderblütensirup durch ein Sieb abseihen und das Sorbet in der Eismaschine nach Bedienungsanleitung oder nach der Methode auf Seite 10 cremig gefrieren. Das Sorbet bis zur Verwendung einfrieren.

▌ Für die gebackenen Holunderblüten das Pflanzenöl in einem Topf auf 180 °C erhitzen. Inzwischen einen Weinteig herstellen. Dazu die Eier trennen und das Eigelb mit dem Weißwein und dem Mehl glatt rühren. Die Eiweiße steif schlagen und unter den Teig ziehen.

▌ Die Blütendolden nacheinander durch den Teig ziehen, vorsichtig abtropfen lassen und im heißen Fett goldbraun frittieren. Auf Küchenkrepp abtropfen lassen, mit Puderzucker bestäuben und heiß mit dem Sorbet servieren.

Grundrezept Granitée

Granitée oder Granita ist Crushed Ice mit Geschmack. Es lässt sich aus Obst- und Gemüsesäften, Fruchtpürees und Kräutersirups, aber auch aus Cidre, Wein, Sekt und Bier herstellen. Es schmeckt pur; ich mag es am liebsten aufgefüllt mit Limonade, Saft oder Champagner.

Orangengranitée

Ergibt 6 Gläser oder Schalen à 150 Milliliter
Zubereitung: 15 Minuten
Tiefkühlzeit: 2–3 Stunden

Zutaten

500 ml frisch gepresster Orangensaft
(von 5–6 Orangen)
fein abgeriebene Schale von 1 unbehandelten
Orange
75 g Zucker

▌ Sechs Gläser oder Schalen kalt stellen. Die Orangen halbieren und auspressen (1). Den Orangensaft mit dem Orangenabrieb und dem Zucker aufkochen und anschließend abkühlen lassen.

▌ Den Saft in eine flache Box geben (2) und im Eisfach 1 Stunde anfrieren lassen. Das Orangengranitée herausnehmen und mit einer Gabel aufrühren. Dabei die schon gefrorene Masse vom Rand mit dem noch flüssigen Saft vermengen (3).

▌ Das Granitée wiederum einfrieren und nach etwa 30 Minuten nochmals aufrühren (4). Diesen Vorgang so lange wiederholen, bis die Masse in groben Kristallen gefroren ist (5).

▌ Das Orangengranitée vor dem Servieren mit einer Gabel aufrühren, in die vorgekühlten Gläser oder Schalen geben und sofort servieren (6).

Kir-royal-Granitée mit Obstsekt

Das Sorbet eignet sich als krönender Abschluss nach einem Menü.

Ergibt 6 Sekt- oder Champagnergläser
Zubereitung: 15 Minuten
Tiefkühlzeit: 2 – 3 Stunden

Zutaten

400 ml Schwarzer-Johannisbeer-Saft
fein abgeriebene Schale von 1 unbehandelten
Orange
50 g Zucker
50 ml Johannisbeerlikör (z. B. Cassis)
Fruchtsekt zum Aufgießen

▌ Die Gläser kalt stellen. Den Johannisbeersaft mit dem Orangenabrieb und dem Zucker aufkochen und abkühlen lassen. Den Saft durch ein Sieb abseihen und anschließend mit dem Johannisbeerlikör verrühren.

▌ Den Saft in eine flache Box geben und im Eisfach 1 Stunde anfrieren lassen. Das Granitée herausnehmen und mit einer Gabel aufrühren. Dabei die schon gefrorene Masse vom Rand mit dem noch flüssigen Saft vermengen. Das Granitée wiederum einfrieren und nach etwa 30 Minuten nochmals aufrühren. Diesen Vorgang so lange wiederholen, bis die Masse in groben Kristallen gefroren ist.

▌ Das Granitée vor dem Servieren mit einer Gabel aufrühren, in die vorgekühlten Gläser geben und mit Fruchtsekt aufgießen. Sofort servieren.

Limettengranitée

Ergibt 6 Gläser oder Schalen à 100 Milliliter
Zubereitung: 15 Minuten
Tiefkühlzeit: 2–3 Stunden

Zutaten

200 ml Limettensaft
fein abgeriebene Schale von 1 unbehandelten Limette
100 ml Wasser
100 g Zucker

▍Die Gläser oder Schalen kalt stellen. Den Limettensaft mit dem Limettenabrieb, dem Wasser und dem Zucker aufkochen und anschließend abkühlen lassen.

▍Den Saft in eine flache Box geben und im Eisfach 1 Stunde anfrieren lassen. Das Limettengranitée herausnehmen und mit einer Gabel aufrühren. Dabei die schon gefrorene Masse vom Rand mit dem noch flüssigen Saft vermengen. Das Granitée wiederum einfrieren und nach etwa 30 Minuten nochmals aufrühren. Diesen Vorgang so lange wiederholen, bis die Masse in groben Kristallen gefroren ist.

▍Das Limettengranitée vor dem Servieren mit einer Gabel aufrühren, in die vorgekühlten Gläser oder Schalen geben und sofort servieren.

Melonen-Kiwi-Granitée

Ergibt 4–6 Gläser oder Schalen à 150 Milliliter
Zubereitung: 15 Minuten
Tiefkühlzeit: 2–3 Stunden

Zutaten

300 g Melonenfruchtfleisch
150 g Kiwifruchtfleisch
30 g Puderzucker
100 ml Dessertwein

▍Die Gläser oder Schalen kalt stellen. Das Melonenfruchtfleisch zusammen mit dem Kiwifruchtfleisch, dem Puderzucker und dem Wein pürieren. Das Püree in eine flache Schale füllen und im Eisfach 1 Stunde anfrieren lassen.

▍Das Granitée herausnehmen, mit einer Gabel aufrühren und wiederum einfrieren. Die halb gefrorene Masse nach etwa 30 Minuten nochmals aufrühren. Diesen Vorgang so lange wiederholen, bis die Masse in groben Kristallen gefroren ist.

▍Das Granitée vor dem Servieren mit einer Gabel aufrühren, in die vorgekühlten Gläser oder Schalen geben, mit dem Dessertwein aufgießen und sofort servieren.

Perfekte Parfaits, Eissoufflés und Pralinen

Eis am Stück? Diese Rezepte sind für „Bastler"
und erfordern etwas Zeit. Die Mühe lohnt sich
aber, denn Honigkuchen-Parfait, Champagner-
Praline und Co. sind zart schmelzend und fein
im Geschmack. Besonders wichtig ist hier die
Serviertemperatur: Nehmen Sie Parfaits und
Eissoufflés je nach Größe und Außentemperatur
10 – 30 Minuten vor dem Essen aus dem Eisfach
und karamellisieren Sie die Oberfläche oder die
Schnittfläche nach Belieben.

Grundrezept Eissoufflé

Im Gegensatz zum Cremeeis werden Parfaits, Eissoufflés und Co. „am Stück" einge-froren. Ihre Cremigkeit verdanken sie geschlagener Sahne und luftigem Eischnee. Das Karamellisieren sorgt für eine warme Zuckerkruste und einen zarten Schmelz an der Oberfläche. Verwenden Sie dazu einen Koch-Bunsenbrenner.

Topfen-Eissoufflé

Das Topfeneissoufflé ist für den Einstieg gerade richtig. Das Eigelb wird klassischer-weise mit dem Zucker cremig aufgeschlagen. Bei diesem einfachen Rezept wird es nur mit dem Quark verrührt.

Ergibt 4 Gläser à 200 Milliliter
Zubereitung: 45 Minuten
Tiefkühlzeit: 6 Stunden

Zutaten

250 g Quark
2 Eier
2 Eiweiß
abgeriebene Schale von je ½ unbehandelten
Orange und Zitrone
Mark von ½ Vanilleschote
125 ml Sahne
90 g Zucker
100 g Fruchtkompott, z. B. Beerenkompott
Puderzucker zum Bestäuben

▌ Zuerst die Gläser vorbereiten. Dazu vier Streifen Backpapier oder Küchenpergamentpapier mit einer Breite von etwa sieben Zentimetern zuschneiden. Die Gläser mit dem Papier umkleiden, sodass es 3 – 4 Zentimeter über den Rand steht, und mit einem Klebeband befestigen. Das Soufflé ragt später über den eigentlichen Rand des Bechers. Das Fruchtkompott in den Gläsern verteilen und in das Eisfach stellen.

▌ Die Eier trennen und das Eiweiß beiseitestellen. (1) Das Eigelb mit dem Quark, Orangen- und Zitro-nenabrieb und dem Vanillemark verrühren (2). Die Sahne halbsteif schlagen und unter den Quark zie-hen. Das Eiweiß halbsteif schlagen (3), den Zucker zugeben und cremig-steif schlagen (4) und zuletzt unter die Quark-Sahne-Masse ziehen (5).

▌ Die Masse mithilfe eines Spritzbeutels oder mit einem Löffel in die Gläser füllen. Die Gläser dabei einige Male auf die Tischplatte klopfen, damit sich keine Luftlöcher bilden, und bis zum oberen Papier-rand füllen (6). Mindestens 6 Stunden tiefkühlen.

▌ Die Gläser 15 – 20 Minuten vor dem Servieren aus dem Eisfach nehmen und bei Zimmertemperatur stehen lassen. Zu einem Drittel in heißes Wasser stellen, so wird das Soufflé schön cremig und das Fruchtkompott flüssig. Mit Puderzucker bestäuben und sofort servieren.

Karamellisiertes Kirsch-Rosmarin-Eissoufflé

Die Grundmasse wird wie beim Cremeeis mit Eiern aufgeschlagen. So wird sie schön vollmundig, cremig und gleichzeitig luftig. Die Rosmarinkirschen setzen den fruchtigen Akzent.

Ergibt 4 – 6 Gläser à 100 – 150 Milliliter
Zubereitung: 45 Minuten
Tiefkühlzeit: 6 Stunden

Zutaten

½ Glas Sauerkirschen (370 g Abtropfgewicht)
150 g Honig
3 Zweige Rosmarin
1 Ei
2 Eigelb
45 g Zucker
10 ml Kirschwasser
250 ml Sahne
brauner Zucker zum Karamellisieren

▌ Zuerst die Gläser vorbereiten. Dazu vier Streifen Backpapier oder Küchenpergamentpapier mit einer Breite von etwa sieben Zentimetern zuschneiden. Die Gläser mit dem Papier umkleiden, sodass es 3 – 4 Zentimeter über den Rand steht, und mit einem Klebeband befestigen. Das Soufflé ragt später über den eigentlichen Rand des Bechers.

▌ Die Kirschen durch ein Sieb abseihen und den Saft mit dem Honig und dem Rosmarin aufkochen. Den Saft um die Hälfte reduzieren. Die Kirschen zugeben und noch einmal aufkochen. Den Rosmarinzweig entfernen. In jedes Glas zwei Esslöffel Kirschen geben und die Gläser ins Eisfach stellen.

▌ Das Ei und die Eigelbe mit dem Zucker und dem Kirschwasser verquirlen. Die Masse über dem Wasserbad schlagen, bis sie dicklich wird und ihr Volumen etwa verdoppelt hat. Anschließend auf Eiswürfeln kalt rühren.

▌ Die Sahne halbsteif schlagen und zuletzt unterheben. Die Masse mithilfe eines Spritzbeutels auf die Kirschen geben und die Gläser einige Male auf die Tischplatte klopfen, damit sich keine Luftblasen bilden. Mindestens 6 Stunden tiefkühlen.

▌ Die Gläser 20 Minuten vor dem Servieren aus dem Eisfach nehmen und bei Zimmertemperatur stehen lassen. Zu einem Drittel in heißes Wasser stellen, so wird das Soufflé schön cremig und das Fruchtkompott flüssig. Die Soufflés mit braunem Zucker bestreuen und mit einem Koch-Bunsenbrenner karamellisieren.

Zitronen-Eissoufflé

Ein erfrischendes Eissoufflé für den Sommer

Ergibt 4 kleine Förmchen
Zubereitung: 30 Minuten
Tiefkühlzeit: 6 Stunden

Zutaten

1 Ei
2 Eigelb
100 g Zucker
abgeriebene Schale und Saft von
2 unbehandelten Zitronen
250 ml Sahne
brauner Zucker zum Karamellisieren

▌ Zuerst die Förmchen vorbereiten. Dazu vier Streifen Backpapier oder Küchenpergamentpapier mit einer Breite von sieben Zentimetern zuschneiden. Die Förmchen mit dem Papier umkleiden, sodass es 3 – 4 Zentimeter über den Rand steht und mit einem Klebeband befestigen. Das Soufflé ragt später über den eigentlichen Rand des Bechers.

▌ Das Ei trennen und das Eiweiß beiseitestellen. Die Eigelbe mit 75 Gramm Zucker, dem Zitronenabrieb und dem Saft verrühren. Über dem Wasserbad schlagen, bis die Masse dicklich wird und ihr Volumen ungefähr verdoppelt hat. Anschließend auf Eiswürfeln kalt rühren.

▌ Die Sahne halbsteif schlagen. Das Eiweiß mit dem restlichen Zucker cremig-steif schlagen. Beides unter die Zitronenmasse heben und in die Förmchen füllen. Mindestens 6 Stunden tiefkühlen.

▌ Die Soufflés 20 Minuten vor dem Servieren aus dem Eisfach nehmen, mit braunem Zucker bestreuen und mit einem Koch-Bunsenbrenner karamellisieren.

Honigkuchen-Parfait mit Pflaumen

Honigkuchen backe ich jedes Jahr vor Weihnachten nach einem Rezept meiner Uroma. Am besten schmeckt er allerdings Wochen später, wenn er richtig durchgezogen ist oder in diesem prächtigen Parfait.

Für 1 Terrinenform von 600 Milliliter
Zubereitung: 35 Minuten
Tiefkühlzeit: 6 Stunden

Zutaten

150 g Honigkuchen
Saft von 5 Orangen
4 cl Orangenlikör
2 Eier
1 Ei
60 g Honig
½ Vanilleschote
½ TL Zimt
abgeriebene Schale von 1 unbehandelten Orange
abgeriebene Schale und Saft von 1 unbehandelten Zitrone
40 g Zucker
250 ml Sahne
6 Pflaumen
Puderzucker zum Bestäuben

▌ Den Honigkuchen in Würfel schneiden, in eine Schüssel geben und mit dem Saft von vier Orangen und dem Orangenlikör vermischen. Mit Folie bedecken und beiseitestellen.

▌ Die Form mit Öl einpinseln und möglichst faltenfrei mit Klarsichtfolie (Küchenpergamentpapier) auslegen. Die Eier trennen und die Eiweiße beiseitestellen. Die Eigelbe mit dem ganzen Ei und dem Honig in einer großen Rührschüssel verquirlen. Das Vanillemark, den Zimt, den Orangen- und Zitronenabrieb sowie den Zitronensaft und den Saft der übrigen Orange dazugeben. Über dem Wasserbad schlagen, bis die Masse dicklich ist und ihr Volumen verdoppelt hat, und anschließend auf Eiswürfeln kalt rühren.

▌ Die Sahne halbsteif schlagen und die Eiweiße mit dem Zucker cremig-steif schlagen. Beides unter die Eigelbmasse heben. Die Honigkuchenstückchen zugeben und die Parfaitmasse in die Form füllen. Mindestens 6 Stunden tiefkühlen.

▌ Das Parfait 40 Minuten vor dem Servieren aus dem Eisfach nehmen und in den Kühlschrank stellen. Die Pflaumen waschen, entkernen und achteln. Das Parfait in Stücke schneiden und mit den Pflaumen servieren. Mit Puderzucker bestäuben.

Milchreis-Parfait

Für 1 Kasten- oder Terrinenform von 1 Liter
Zubereitung: 30 Minuten plus 2,5 Stunden quellen und temperieren
Tiefkühlzeit: 6 Stunden

Zutaten

50 g Milchreis
400 ml Milch
160 g Zucker
Mark von 1 Vanilleschote
abgeriebene Schale und Saft von ½ unbehandelten Limette
1 Blatt Gelatine
2 Eier
4 Eigelb
500 ml Sahne

▌ Den Milchreis mit der Milch, 70 Gramm Zucker, dem Vanillemark und dem Limettenabrieb zum Kochen bringen. Die Hitze reduzieren und bei geschlossenem Deckel 1,5 Stunden quellen lassen. Den Deckel abnehmen, unter Rühren aufkochen und 10 Minuten kochen lassen. Vom Herd nehmen.

▌ Die Gelatine in kaltem Wasser 5 Minuten quellen lassen, sehr gut ausdrücken und mit dem heißen Milchreis verrühren.

▌ Eine Form mit Öl auspinseln und mit Klarsichtfolie (Küchenpergamentpapier) möglichst faltenfrei auslegen. Die Eier trennen und die Eiweiße beiseitestellen. Die Eigelbe mit 70 Gramm Zucker sehr schaumig schlagen. Den Milchreis und den Limettensaft unterrühren und gut verquirlen.

▌ Die Sahne halbsteif schlagen und die Eiweiße mit dem restlichen Zucker cremig-steif schlagen. Beides unter die Eier-Milchreis-Masse heben. In die Kastenform füllen, dabei die Form einige Male auf die Tischplatte klopfen, damit sich keine Luftlöcher bilden für mindestens 6 Stunden einfrieren. Vor dem Servieren für 40 Minuten in den Kühlschrank stellen und weitere 20 Minuten bei Raumtemperatur temperieren. In Scheiben schneiden, jede Scheibe mit braunem Zucker bestreuen und mit einem Bunsenbrenner karamellisieren.

Honigfeigen-Parfait

Für 1 Kasten- oder Terrinenform von 1 Liter
Zubereitung: 40 Minuten plus 20 Minuten temperieren
Tiefkühlzeit: 6 Stunden

Zutaten

350 g vollreife Feigen
5 EL Honig
Saft und abgeriebene Schale von ½ unbehandelten Orange
1 Msp. Zimt
1 Blatt Gelatine
1 Ei | 1 Eigelb
80 g Zucker
250 ml Sahne

▌ Den Backofen auf 200 °C vorheizen. Die Feigen waschen, den Stiel abschneiden, grob würfeln und auf ein Blech legen. Honig und Orangensaft über die Feigen träufeln und auf der obersten Schiene des Backofens 15–20 Minuten backen. Aus dem Ofen nehmen und die Hälfte der Feigen mit dem Stabmixer pürieren.

▌ Eine Form mit Öl auspinseln und faltenfrei mit Klarsichtfolie auslegen. Gelatine in kaltem Wasser einweichen. Ei trennen. Eigelbe, 60 Gramm Zucker, Orangenabrieb und Zimt über dem Wasserbad schaumig schlagen. Feigenpüree und ausgedrückte Gelatine unterheben und kalt rühren, bis die Masse Körpertemperatur hat. (Falls die Masse zu kühl ist, einfach noch einmal erwärmen und wieder abkühlen lassen.)

▌ Das Eiweiß mit dem übrigen Zucker cremig-steif, die Sahne halbsteif schlagen und beides mit den restlichen Feigen zügig unterheben. In die Form geben und einige Male auf die Tischplatte klopfen. Mindestens für 6 Stunden einfrieren und 20 Minuten vor dem Servieren herausnehmen und im Kühlschrank temperieren.

Minz-Schokopyramiden

Neu ist die Kombination von Minze und Schokolade nicht, aber immer noch sehr fein.

Ergibt 8 – 10 Förmchen oder Gläser à 100 – 150 Milliliter
Zubereitung: 40 Minuten plus 10 – 15 Minuten temperieren
Tiefkühlzeit: 4 Stunden

Zutaten

4 Bund frische Minze
150 ml Weißwein
4 Eigelb
2 Eier
120 g Zucker
500 ml Sahne
100 g Zartbitterschokolade

▌ Die Minze waschen und zupfen. Zwei Drittel der Minzeblätter mit einem feuchten Küchenkrepp bedecken und beiseitestellen. Die Stiele grob hacken, mit einem Drittel der Blätter und dem Weißwein aufkochen und 15 Minuten ziehen lassen. Den Minzesud durch ein Sieb abseihen und auf 100 Milliliter reduzieren.

▌ Die Eigelbe mit den Eiern, dem Zucker und dem Minzesud verrühren und über dem Wasserbad schlagen, bis die Masse dicklich ist und ihr Volumen verdoppelt hat. Auf Eiswürfeln kalt rühren.

▌ Die Schokolade und die restlichen Minzeblätter fein hacken. Die Sahne halbsteif schlagen und alles unter die Parfaitmasse heben. In die Förmchen füllen und mindestens 4 Stunden tiefkühlen.

▌ Die Parfaits 10 – 15 Minuten vor dem Servieren aus dem Eisfach nehmen, kurz in heißes Wasser tauchen, stürzen und servieren.

Tipp: Mit einem Schokoladensirup servieren. Dazu 120 Milliliter Milch mit 50 Gramm Kakaopulver und 110 Gramm Zucker aufkochen und 5 Minuten kochen lassen. 50 Gramm Zartbitterschokolade raspeln und zugeben. Nach 5 Minuten glatt rühren und heiß zum Parfait servieren.

Espresso-Cantuccini-Parfait mit Zabaglione

Ein köstlicher Ausflug nach Italien!

Ergibt 1 Kastenform von 600 Milliliter
Zubereitung: 40 Minuten plus 15 Minuten temperieren
Tiefkühlzeit: 6 Stunden

Zutaten

150 ml sehr starker Espresso
150 g Cantuccini
150 ml Marsala oder Dessertwein
1 Blatt Gelatine
2 Eier
2 Eigelb
100 g Zucker
200 ml Sahne

Für die Zabaglione

130 g Marsala oder Dessertwein
3 Eigelb
40 g Zucker

▌ Die Form mit Öl auspinseln und anschließend mit Klarsichtfolie (Küchenpergamentpapier) möglichst faltenfrei auslegen. Die Cantuccini klein hacken und mit dem Marsala vermischen.

▌ Die Gelatine in kaltem Wasser einweichen. Die Eier und die Eigelbe mit dem Zucker verquirlen. Die Gelatine sehr gut ausdrücken, im heißen Espresso auflösen und zur Ei-Zucker-Mischung geben. Die Masse auf dem Wasserbad schlagen, bis sie dicklich ist und ihr Volumen verdoppelt hat. Anschließend unter Rühren abkühlen lassen. Nur so lange rühren, bis die Masse Körpertemperatur hat, sonst stockt die Gelatine bei den nächsten Arbeitsschritten zu schnell. (Falls die Masse zu kühl ist, einfach noch einmal erwärmen und wieder abkühlen lassen.)

▌ Die Sahne halbsteif schlagen und zügig unterheben. Zuletzt drei Viertel der gehackten Cantuccini zugeben, in die Form gießen und mindestens 6 Stunden tiefkühlen.

▌ Kurz vor dem Servieren die Zabaglione zubereiten. Dazu die Eigelbe mit dem Zucker und dem Dessertwein auf dem heißen Wasserbad schlagen, bis ein fester Schaum entstanden ist.

▌ Die Form 15 Minuten vor dem Servieren aus dem Eisfach nehmen, das Parfait stürzen und in Scheiben schneiden. Die Teller mit den restlichen gehackten Cantuccini bestreuen, je 2 – 3 Stücke Parfait daraufsetzen und sofort mit der Zabaglione servieren.

Gestreiftes Mohn-Parfait

Fruchtige Erdbeerstreifen machen sich gut im cremigen Mohn-Parfait.

Ergibt 1 Form à 800 Milliliter
Zubereitung: 50 Minuten plus 15 – 20 Minuten
temperieren
Tiefkühlzeit: 6 Stunden

Zutaten

Für das Mohn-Parfait
50 g Backmohn (gemahlener Mohn)
1 Blatt Gelatine
250 ml Sahne
abgeriebene Schale und Saft von ½ unbehandelten Orange
1 Ei
2 Eigelb
50 g Zucker

Für die Erdbeermasse
400 g Erdbeeren
80 g Puderzucker
2 EL Glucose

▌ Die Form mit Öl auspinseln und möglichst faltenfrei mit Klarsichtfolie (Küchenpergamentpapier) auslegen. Die Gelatine in eiskaltem Wasser einweichen.

▌ Den Mohn mit 100 Gramm Sahne und dem Orangenabrieb zum Kochen bringen und 10 Minuten quellen lassen. Die Gelatine sehr gut ausdrücken und in der heißen Sahne auflösen.

▌ Das Ei und die Eigelbe mit dem Zucker und dem Orangensaft in einer großen Schüssel über dem Wasserbad schlagen, bis die Masse dicklich ist und ihr Volumen verdoppelt hat. Die Mohn-Sahne hinzugeben und unter Rühren erhitzen, bis sie dickflüssig wird. Anschließend unter Rühren abkühlen lassen. Nur so lange rühren, bis die Masse Körpertemperatur hat, sonst stockt die Gelatine bei den nächsten Arbeitsschritten zu schnell. (Falls die Masse zu kühl ist, einfach noch einmal erwärmen und wieder abkühlen lassen.)

▌ Die übrige Sahne halbsteif schlagen und unterheben. Das Parfait in die Form füllen und für mindestens 3 Stunden einfrieren.

▌ Inzwischen die Erdbeeren waschen und putzen und mit dem Zucker und der Glucose aufkochen. Mit dem Stabmixer pürieren und in der Eismaschine nach Bedienungsanleitung oder nach der Methode auf Seite 10 cremig gefrieren. Bis zur Verwendung in das Eisfach stellen.

▌ In das Mohn-Parfait mit einem Löffel 2 – 3 Vertiefungen kratzen, das Erdbeersorbet hineinfüllen und das Parfait nochmals 3 Stunden tiefkühlen. Die Form 15 – 20 Minuten vor dem Servieren aus dem Eisfach nehmen, das Parfait in Stücke schneiden oder mit einem Löffel portionieren und servieren.

Tipp: Das herausgekratzte Parfait mit dem übrigen Erdbeersorbet in Gläser schichten und bei Gelegenheit servieren.

Piña-Colada-Doppelkekse

Die eiskalte Keksfüllung schmeckt super leicht und frisch. Ingwer, Sternanis und Limette machen das Ananaskompott exotisch.

Ergibt 12 – 16 Doppelkekse
Zubereitung: 50 Minuten
Tiefkühlzeit: 4 Stunden

Zutaten

30 g Kokosflocken
3 Eiweiß
60 g Zucker
100 g Joghurt
Saft von ½ Limette
24 – 32 Kokoskekse

Für das Ananaskompott

200 g Ananasfruchtfleisch
5 g Speisestärke
150 ml Weißwein
50 g brauner Zucker
10 g Ingwer
abgeriebene Schale und Saft
von 1 unbehandelten Limette
1 Sternanis

▌ Eine Form von 20 × 30 Zentimetern mit Öl auspinseln und anschließend mit Klarsichtfolie (Küchenpergamentpapier) möglichst faltenfrei auslegen.

▌ Die Kokosflocken in einer Pfanne ohne Fett hellbraun rösten. Das Eiweiß halbsteif schlagen, dann den Zucker einrieseln lassen und so lange weiterschlagen, bis der Eischnee cremig-steif ist. Den Joghurt mit dem Limettensaft vermischen und mit den Kokosflocken unter den Eischnee ziehen. Die Masse in die Form geben, glatt streichen und mindestens für 4 Stunden einfrieren.

▌ Für das Kompott die Ananas in feine Würfel schneiden. Die Speisestärke mit etwas Weißwein glatt rühren. Den Zucker in einem großen Topf karamellisieren und mit dem restlichen Weißwein ablöschen. Den Ingwer schälen und fein würfeln. Mit dem Limettenabrieb, dem Limettensaft und dem Sternanis zum Weißwein geben und alles 10 Minuten köcheln lassen. Die Gewürze aus dem Sud nehmen. Die angerührte Speisestärke in den Weißwein rühren und weitere 5 Minuten kochen. Zuletzt die Ananaswürfel unterrühren und das Kompott abkühlen lassen.

▌ Aus der Parfaitmasse mit einem Ausstecher Kreise ausstechen, die den gleichen Durchmesser wie die Kekse haben. Jeweils eine Scheibe Parfait zwischen zwei Kekse setzen und zusammen mit dem Kompott servieren.

Tipp: Die fertigen Kekse kann man bis zum Servieren einfrieren. Dazu am besten in eine verschließbare Dose legen und 10 Minuten vor dem Servieren herausnehmen.

Weißes Eiskonfekt

Feine kalte Schokosnacks, die schnell und einfach gemacht sind.

Ergibt 350 Milliliter oder 22 Stück (Silikon-Form)
Zubereitung: 10 Minuten
Tiefkühlzeit: 2 Stunden

Zutaten

150 g Kokoscreme (aus dem Asiamarkt)
50 ml weißer Rum
Saft von 1 Limette
100 g weiße Schokolade
50 g Kokosfett
2 EL gehackte Pistazien

▌ Die Kokoscreme mit dem Rum und dem Limettensaft erwärmen. Die weiße Schokolade mit dem Kokosfett über dem Wasserbad oder in der Mikrowelle schmelzen.

▌ Die Kokosmasse mit der geschmolzenen Schokolade und den Pistazien mischen und in die Silikonformen füllen. Das Eiskonfekt mindestens 2 Stunden tiefkühlen und 10 Minuten vor dem Servieren aus dem Eisfach nehmen.

Tipp: Kleine Spieße in das Eiskonfekt stecken und jedes Stück in flüssige Schokolade tunken und anschließend in Kokosflocken dippen.

Champagner-Eispralinen

Für etwa 30 Stück
Zubereitung: 1 Stunde
Tiefkühlzeit: 6 Stunden

Zutaten

240 ml Champagner
1 Blatt Gelatine
8 Eigelb
120 g Zucker
Saft von 1 Zitrone
170 g Sahne
10 ml Marc de Champagne

Für die Glasur
250 g Zartbitterkuvertüre
50 g Kokosfett

▌ Eine flache Form von 20 × 30 Zentimetern mit Öl einpinseln und faltenfrei mit Klarsichtfolie (Küchenpergamentpapier) auslegen.

▌ Die Gelatine in eiskaltem Wasser einweichen. Die Eigelbe mit dem Zucker und dem Champagner über dem Wasserbad schlagen, bis die Masse dicklich ist und ihr Volumen verdoppelt hat. Den Zitronensaft zugeben und 5 Minuten weiterschlagen. Die Gelatine gut ausdrücken, in die noch sehr heiße Masse geben und rühren, bis sie sich aufgelöst hat. Anschließend auf Eiswürfeln kalt rühren.

▌ Die Sahne halbsteif schlagen und zusammen mit dem Marc de Champagne unter die kalte, aber noch nicht gestockte Pralinenmasse heben. In die Form geben, glatt streichen und mindestens 5 Stunden tiefkühlen. Die Pralinenmasse in Würfel schneiden und wieder in das Eisfach stellen.

▌ Inzwischen die Glasur vorbereiten, denn sie soll flüssig, aber keinesfalls zu heiß sein. Die Kuvertüre und das Kokosfett zunächst fein hacken und zwei Drittel davon im Wasserbad auflösen. Vom Herd nehmen und die restliche gehackte Kuvertüre-Kokosfett-Mischung einrühren. Immer eine Praline aus dem Eisfach nehmen und mit einer Gabel oder einer Pralinengabel kurz in die Kuvertüre tauchen. Die Kuvertüre abtropfen lassen, die Pralinen auf Küchenpergamentpapier setzen und wiederum etwa 1 Stunde tiefkühlen.

Tipp: Die zarten Eispralinen zu überziehen, erfordert etwas Fingerspitzengefühl und Übung. Es lohnt sich aber, denn sie schmecken sehr fein und cremig.

Sunrise-Eiswürfel

Für 16 Stück
Zubereitung: 30 Minuten
Tiefkühlzeit: 4 Stunden

Zutaten

250 ml frisch gepresster
Orangensaft
50 ml Grenadinesirup
2 EL Ahornsirup
50 ml Tequila | 70 g Zucker
abgeriebene Schale
von 1 unbehandelten Orange
1 Msp. Zimt

▌ Den Orangensaft mit dem Grenadinesirup, dem Ahornsirup und dem Tequila mischen und in Eiswürfelförmchen füllen. Diese etwa 1 Stunde tiefkühlen und, sobald sie fest werden, in jedes einen Zahnstocher stecken. Die Eiswürfel für weitere 3 Stunden einfrieren.

▌ Den Zucker mit dem Orangenabrieb und dem Zimt mischen und in einen tiefen Teller oder eine Schale geben. Die Sunrise-Eiswürfel aus dem Behälter drücken, in dem aromatisierten Zucker wenden und sofort servieren.

Eis zum Dessert – ungewöhnliche Kreationen!

Eis ist mein Lieblingsdessert – gut vorzubereiten, erfrischend nach dem Essen und unglaublich vielseitig. Hier finden Sie einige Ideen, wie Sie Ihre Gäste mit selbst gemachten Eiskreationen überraschen können! Ob verpackt in knusprigen Hüllen, als Eis-Sandwich oder mit salziger Note. Lassen Sie sich inspirieren!

Grundrezept Heißes Eis

Ich hatte immer Respekt vor der Zubereitung dieses Desserts, weil das Eis möglicherweise schon vor dem Servieren schmelzen könnte. Doch dank der Isolierschicht aus Biskuitteig bleibt das Eis erstaunlich lange gefroren.

Gebackenes Eis

Ergibt 4 Portionen à 2 – 3 Bällchen
Zubereitung: 1 Stunde 15 Minuten
Tiefkühlzeit: 2 Stunden 30 Minuten

Zutaten

1 Rezeptmenge Cremeeis (siehe Seite 12 ff.)

Für den Biskuitteig
4 kleine Eier
100 g Zucker
1 Prise Salz
75 g Mehl
50 g Speisestärke

Für den Ausbackteig
2 Eier
50 g Zucker
125 ml Weißwein
125 g Mehl
Konfitüre zum Bestreichen
Pflanzenöl zum Frittieren
Puderzucker zum Bestäuben

▌ Das Vanilleeis nach dem Rezept auf Seite 14 zubereiten und für 30 Minuten in das Eisfach stellen. Mit einem Eisportionierer zwölf Eiskugeln formen, diese nebeneinander auf einen flachen Teller setzen und sofort für mindestens 1 Stunde einfrieren.

▌ Für den Biskuitteig den Backofen auf 180 °C vorheizen und ein Backblech mit Backpapier auslegen. Eier, Zucker, Salz und vier Esslöffel warmes Wasser in 10 Minuten sehr schaumig schlagen. Mehl und Speisestärke mischen, sieben und unter die Eimasse ziehen. Den Teig dünn auf das Backpapier streichen und in 15 – 20 Minuten goldgelb backen.

▌ Inzwischen den Ausbackteig zubereiten. Dazu die Eier trennen und das Eiweiß mit dem Zucker cremig-steif schlagen. Das Eigelb mit dem Weißwein verrühren und abwechselnd den Eischnee und das gesiebte Mehl unterheben. Beiseitestellen.

▌ Den Biskuitteig aus dem Ofen nehmen. Auf ein feuchtes und mit Zucker bestreutes Küchentuch stürzen. Den Teig erkalten lassen, das Backpapier ablösen und den Teig anschließend in zwölf Streifen von etwa 15 × 7 Zentimeter schneiden. Jeden Streifen dünn mit Konfitüre bestreichen.

▌ Die Eiskugeln aus dem Eisfach nehmen und jeweils zügig in die Biskuitstreifen einschlagen (1). Den Biskuitteig fest andrücken und offene Stellen falls nötig mit den Teigabschnitten zumachen (2).

▌ Die eingepackten Eiskugeln für 1 Stunde einfrieren. Anschließend das Öl auf 180 °C erhitzen. Die Kugeln mit einem Spieß in den Ausbackteig tauchen (3), abtropfen lassen und goldgelb ausbacken (4 + 5). Mit Puderzucker bestäuben und sofort servieren (6).

Gebackenes Honigeis im Filoteig

Knusprige Umhüllung mit zartschmelzendem Inhalt

Ergibt 8 Portionen
Zubereitung: 40 Minuten
Tiefkühlzeit: 7 Stunden

Zutaten

250 ml Milch
250 ml Sahne
150 g Waldblütenhonig
4 Eigelb

Für den Teigmantel
8 Stücke Filoteig à 15 × 15 cm
1 Eiweiß zum Einpinseln
1 Prise Salz
1 – 2 EL Butterschmalz zum Braten

Puderzucker zum Bestäuben
Früchte wie z. B. Erdbeeren, Kiwis und
Trauben zum Servieren

▍ Die Milch und die Sahne mit 100 Gramm Honig aufkochen. Die Eigelbe mit der heißen Milch-Sahne-Mischung in einer großen Rührschüssel verquirlen und auf dem heißen Wasserbad rühren, bis die Masse dicklich wird. Anschließend auf Eiswürfeln kalt rühren. In der Eismaschine nach Bedienungsanleitung oder nach der Methode auf Seite 10 cremig gefrieren und mindestens für 1 Stunde einfrieren.

▍ Das Eiweiß mit der Prise Salz kräftig verschlagen. Die Ränder eines Filoteigstückes dünn damit einpinseln, in die Mitte etwas Honig träufeln und eine Kugel Eis daraufsetzen. Diese mit einem Löffel etwas platt drücken, den Teig von beiden Seiten zur Mitte schlagen und das Eis wie ein Päckchen einrollen. Die übrigen Filoteigpäckchen nacheinander ebenso packen. Dabei zügig arbeiten und jedes fertige Päckchen sofort in das Gefrierfach legen. Mindestens 5 Stunden tiefkühlen.

▍ Vor dem Servieren Butterschmalz in einer beschichteten Pfanne erhitzen und die Filoteigpäckchen von beiden Seiten darin braten, bis sie knusprig sind. Mit Puderzucker bestäuben, nach Belieben halbieren und sofort mit frischen Früchten servieren.

Grüner Apfelschnee auf heißer Schokolade

Ein einfaches und zugleich überraschendes Eisdessert

Ergibt 4 Gläser à 200 Milliliter
Zubereitung: 20 Minuten
Tiefkühlzeit: 5 Stunden

Zutaten

3 grüne Äpfel
300 g Schokolade
300 ml Milch
1 TL Zimtpulver
1 EL Zucker

▎ Die Äpfel im Ganzen für mindestens 5 Stunden einfrieren. Ein flaches Gefäß ebenfalls in das Eisfach stellen.

▎ Die Schokolade grob hacken, die Milch mit dem Zimt aufkochen und über die Schokolade gießen. Einige Minuten warten und die Masse mit einem Stabmixer oder einem Schneebesen glatt rühren.

▎ Inzwischen die gefrorenen Äpfel aus dem Eisfach nehmen und 5 – 10 Minuten temperieren. Die Äpfel anschließend zügig in das gekühlte Gefäß reiben. Den fertigen Apfelschnee dabei immer wieder einfrieren.

▎ Wenn alle Äpfel gerieben sind, vier Gläser zu zwei Dritteln mit der heißen Schokoladenmilch füllen. Den Apfelschnee zu gleichen Teilen auf der warmen Schokolade verteilen, mit etwas Zucker bestreuen und sofort servieren.

Tipp: Dieses Dessert lässt sich auch mit Vollmilch oder weißer Schokolade zubereiten. Statt mit Zimt kann man sie mit Vanillemark oder Orangenschale aromatisieren.

Erdbeer-Mango-Sandwich

Ein fruchtig-schokoladiges Eissandwich, das sich sehr gut vorbereiten lässt.

Ergibt 12 – 16 Sandwiches
Zubereitung: 50 Minuten
Tiefkühlzeit: 3 Stunden

Zutaten

Für die Füllung
1 Rezept Erdbeersorbet (siehe Seite 50)
2 – 3 vollreife Mangos
(etwa 550 g Fruchtfleisch)
50 g Puderzucker
Saft von 2 Zitronen

Für den Schokoladenbiskuit
4 Eier
125 g Zucker
4 EL lauwarmes Wasser
Salz
75 g Mehl
50 g Kakao
1 Msp. Backpulver

Erdbeerkonfitüre zum Bestreichen
Erdbeeren und flüssige weiße Schokolade
zum Garnieren

▌ Das Erdbeersorbet nach dem Rezept auf Seite 50 zubereiten. Eine Form (20 × 25 Zentimeter) mit Öl ausstreichen und möglichst faltenfrei mit Klarsichtfolie (Küchenpergamentpapier) auslegen. Das Erdbeersorbet etwa 1,5 Zentimeter hoch in die Form streichen und einfrieren.

▌ Inzwischen die Mangos schälen, das Fruchtfleisch vom Kern befreien und grob würfeln. Zusammen mit dem Puderzucker und dem Zitronensaft in einer Küchenmaschine oder mit dem Stabmixer pürieren. Das Mangopüree in der Eismaschine nach Bedienungsanleitung oder nach der Methode auf Seite 10 cremig gefrieren und anschließend auf das Erdbeersorbet streichen. Die Sorbets 3 Stunden tiefkühlen.

▌ Für den Schokobiskuit den Backofen auf 180 °C vorheizen und ein Backblech mit Backpapier auslegen. Eier, Zucker, lauwarmes Wasser und Salz in etwa 10 Minuten sehr schaumig schlagen. Mehl, Kakao und Backpulver vermischen, sieben und zügig unter die Eimasse heben. Den Biskuitteig gleich-mäßig auf das Backpapier streichen und 15 – 20 Minuten backen.

▌ Den Biskuitteig aus dem Ofen nehmen. Auf ein weiteres Backpapier stürzen, das obere Backpapier lösen und den Biskuit mit einem feuchten Küchentuch bedeckt abkühlen lassen.

▌ Für das Sandwich den Biskuitboden in der Mitte halbieren und eine Hälfte mit Konfitüre bestreichen. Die Eismasse auf einen Boden setzen und mit dem anderen bedecken, die Konfitürenseite befindet sich innen. Das Sandwich mit einem Sägemesser in Dreiecke schneiden und mit flüssiger Schokolade garnieren. Sofort mit den Erdbeeren servieren. Falls das Sorbet beim Zusammensetzen zu weich geworden ist, eine weitere halbe Stunde tiefkühlen.

Tipp: Das Sandwich lässt sich mit den meisten Fruchtsorbets und Eissorten zubereiten. Statt Schokoladenbiskuit schmeckt auch ein heller Biskuitteig.

Schokocookie mit Cashewnuss-Karamelleis

Ergibt 12 Sandwiches
Zubereitung: 1 Stunde
Tiefkühlzeit: etwa 60 Minuten,
je nach Eismaschine

Zutaten

24 Schokocookies
12 EL Mandelkrokanteis (siehe Seite 21,
Variante mit Cashewnüssen) | 150 g Zucker
200 ml Sahne | ½ – 1 TL Fleur de Sel

▌ Das Mandelkrokanteis nach dem Rezept auf Seite 21, anstatt mit Mandeln mit 150 Gramm gerösteten und gehackten Cashewnüssen und 1 Prise Salz zubereiten.

▌ Inzwischen den Zucker in einem Topf karamellisieren. Sobald er bernsteinfarben ist, mit der Sahne ablöschen und um die Hälfte reduzieren lassen. Mit Fleur de Sel abschmecken. Den Karamell unter das Cashewnusseis rühren und 30 Minuten tiefkühlen. Jeweils 1 – 2 Teelöffel Eis auf einen Schokocookie geben und einen zweiten Keks daraufsetzen. Sofort servieren oder bis zur Verwendung einfrieren.

Baklava mit Rosenblüteneis

Ergibt 16 Portionen
Zubereitung: 1 Stunde 30 Minuten
Tiefkühlzeit: etwa 30 Minuten,
je nach Eismaschine

Zutaten

350 g Baklava-Teigblätter (aus dem
türkischen Supermarkt)
200 g gemahlene und geröstete Haselnüsse
150 g gemahlene und geröstete Walnüsse
Saft und Abrieb von ½ unbehandelten
Orange | 1 TL Zimt
nach Belieben 1 TL Kardamom
50 g feiner Zucker | 150 – 200 g Butter

Für den Rosensirup

150 ml Wasser | 100 g Zucker | 100 g Honig
Saft von ¼ Zitrone | abgeriebene Schale von
¼ unbehandelten Orange | 2 EL Rosen-
wasser (aus dem türkischen Supermarkt)

Für das Rosenblüteneis

100 g Rosenblüten (aus dem türkischen
Supermarkt) | 5 EL Rosenwasser
250 g Milch | 250 g Sahne | 3 Eigelb
100 g Zucker

▌ Für die Baklava den Backofen auf 250 °C vorheizen. Haselnüsse, Walnüsse, Orangesaft und -abrieb, Gewürze und Zucker mischen. Die Butter zerlassen und eine Form (28 Zentimeter Durchmesser) auspinseln. Eine Schicht Teig hineinlegen, diese mit Butter bepinseln, wieder eine Schicht Teig einlegen und so verfahren, bis die Hälfte verbraucht ist. Die Nussmasse auf dem Teig verteilen und andrücken. Die restlichen Teigschichten auflegen und dabei wieder jede Schicht mit Butter bepinseln. Die Baklava in Rauten schneiden und großzügig mit der restlichen Butter übergießen. Im Ofen 10 Minuten bei 250 °C backen. Auf 180 °C reduzieren und in weiterer 20–30 Minuten fertig backen, bis die Oberfläche goldbraun ist.

▌ Für den Sirup alle Zutaten außer dem Rosenwasser aufkochen und 10 Minuten köcheln lassen. Das Rosenwasser einrühren und den Sirup abkühlen lassen. Die Baklava mit Sirup übergießen und erkalten lassen.

▌ Für das Eis die Rosenblüten, die Milch und die Sahne aufkochen und 15 Minuten ziehen lassen. Nochmals aufkochen und durch ein Sieb abseihen. Eigelbe mit dem Zucker schaumig schlagen. Die heiße Rosenmilch und das Rosenwasser unter Rühren dazugeben und auf dem heißen Wasserbad rühren, bis sie dicklich wird. Auf Eiswürfeln kalt rühren und in der Eismaschine nach Bedienungsanleitung oder nach der Methode auf Seite 10 cremig gefrieren. Das Eis zusammen mit der Baklava servieren.

Halb gefrorenes Kalte-Schnauze-Eis mit heißer Beerensauce

Inspiriert durch die echte Kalte Schnauze, an die jeder so seine Erinnerungen hat.

Ergibt 6 – 8 Portionen
(Form von 20 × 20 Zentimetern)
Zubereitung: 40 Minuten
Tiefkühlzeit: 2 Stunden

Zutaten

250 g Milch
100 g Puderzucker
500 g Zartbitterschokolade

Für die Beerensauce
400 g gemischte Beeren (frisch oder tiefgekühlt)
150 g Honig
abgeriebene Schale und Saft 1 unbehandelten Orange
50 ml Portwein

200 g Butterkekse
50 g gehobelte Mandeln

▌ Die Milch mit dem Zucker erhitzen. Die Schokolade hacken, in der heißen Schokoladenmilch auflösen, einige Minuten warten und die Schokoladen-Milch-Creme mit einem Stabmixer mixen. Die Creme abkühlen lassen und zwischendurch immer wieder umrühren.

▌ Inzwischen für die Beerensauce die Beeren waschen und putzen. Den Honig zusammen mit dem Orangensaft, dem Abrieb und dem Portwein erwärmen. Die Hälfte der Beeren hineingeben, aufkochen und 3 Minuten kochen lassen. Die Beeren mit einem Stabmixer pürieren und die Sauce durch ein Sieb streichen. Die restlichen Beeren untermischen.

▌ Die Form mit Backpapier auslegen. Sobald die Creme streichfähig ist, eine Schicht aufstreichen und eine Schicht Butterkekse auflegen. Darauf wiederum eine Schicht Creme streichen und diese wieder mit Butterkeksen belegen. So fortfahren, bis die Kekse und die Creme verbraucht sind. Mit Schokoladencreme abschließen und zuletzt mit gehobelten Mandeln bestreuen.

▌ Die Kalte Schnauze für mindestens 2 Stunden einfrieren. Vor dem Servieren die Beeren nochmals kurz erhitzen. Die Kalte Schnauze in Stücke schneiden und mit der Beerensauce servieren. Sollte die Kalte Schnauze länger im Eisfach stehen, vor dem Servieren 20 Minuten im Kühlschrank temperieren.

Tipp: Mit Gewürzen wie Koriander, Zimt und Kardamom wird die Schokoladenmasse noch feiner. In der Weihnachtszeit lassen sich die Butterkekse wunderbar durch Spekulatius ersetzen.

Gebackene Aprikosen gefüllt mit Ricotta-Gewürzeis

Ergibt 4 Portionen
Zubereitung: 20 Minuten
Tiefkühlzeit: 2 Stunden

Zutaten

12 Aprikosen
12 kleine Kugeln Ricotta-Gewürzeis
(Rezept siehe Seite 16)

Für den Ausbackteig

2 Eier
50 g Zucker
125 ml Weißwein
125 g Mehl

Pflanzenöl zum Frittieren
Mehl zum Wenden
Puderzucker zum Bestäuben

▌ Das Ricotta-Gewürzeis nach dem Rezept auf Seite 16 zubereiten. Die Aprikosen waschen, halb aufschneiden, den Kern herausnehmen und jede Aprikose zügig mit Eis füllen. Sofort für mindestens 2 Stunden einfrieren.

▌ Für den Ausbackteig die Eier trennen. Die Eiweiße mit dem Zucker cremig-steif schlagen. Die Eigelbe mit dem Weißwein verrühren und abwechselnd den Eischnee und das gesiebte Mehl unterheben.

▌ Das Öl auf 180 °C erhitzen. Die Aprikosen aus dem Eisfach nehmen, zuerst in Mehl wenden, dann in den Ausbackteig tauchen, abtropfen lassen und im heißen Öl goldgelb ausbacken. Die gebackenen Aprikosen mit Puderzucker bestäuben und sofort servieren.

Millefeuille mit Himbeer-Frischkäse-Eis

Ergibt 12 – 16 Portionen
Zubereitung: 50 Minuten
Tiefkühlzeit: 4 Stunden 30 Minuten

Zutaten

300 g tiefgekühlter Blätterteig
150 g Butter
abgeriebene Schale von ¼ unbehandelten Zitrone
Zucker zum Bestreuen
200 g weiße Kuvertüre

Für das Himbeer-Frischkäse-Eis

350 g Frischkäse
150 g Joghurt | 60 g Puderzucker
abgeriebene Schale und Saft von
¼ unbehandelten Zitrone
100 g Himbeerkonfitüre

▌ Den Ofen auf 200 °C vorheizen und ein Backblech mit Backpapier auslegen. Den Blätterteig einen Millimeter dünn ausrollen und 4 – 5 Stücke von 20 × 30 Zentimetern ausschneiden. Butter mit dem Zitronenabrieb zerlassen und den Teig bestreichen. 15 – 20 Minuten goldgelb backen. Auskühlen lassen.

▌ Kuvertüre hacken und im Wasserbad schmelzen. Blätterteigschichten etwas platt drücken und alle, bis auf eine, dünn mit der Kuvertüre bestreichen.

▌ Frischkäse, Joghurt, Puderzucker, Zitronensaft und -abrieb verrühren. In der Eismaschine nach Bedienungsanleitung oder nach der Methode auf Seite 10 cremig gefrieren. Zuletzt die Konfitüre einrühren und für 30 Minuten einfrieren.

▌ Jede Blätterteigplatte zügig mit Eis bestreichen und aufeinandersetzen. Die Platte ohne Schokolade zuoberst aufsetzen. Einen eckigen Backrahmen um das Millefeuille stellen, alles vorsichtig andrücken und für mindestens 4 Stunden einfrieren. In Stücken servieren.

Gefüllte Überraschungseier

Ergibt 6 – 8 Überraschungsei-Hälften
Zubereitung: 20 Minuten
Tiefkühlzeit: 15 – 20 Minuten

Zutaten

300 ml Milch | 50 g Zucker
1 Msp. Zimt
1 EL Vanillezucker
4 Überraschungseier
Bunte Zuckerstreusel zum
Verzieren

❚ Die Milch mit dem Zucker, dem Zimt und dem Vanillezucker aufkochen und abkühlen lassen. Anschließend in der Eismaschine nach Bedienungsanleitung oder nach der Methode auf Seite 10 cremig gefrieren.

❚ Die Überraschungseier halbieren und mit dem Eis füllen. Mit bunten Streuseln verzieren.

Tipp: Machen Sie Vanillezucker selbst: Einfach die ausgekratzten Vanilleschoten in einem Schraubglas mit Zucker sammeln. Schon nach wenigen Tagen duftet und schmeckt der Zucker angenehm vollmundig nach Vanille.

Eis-Schokobombe mit Kirschen und Pumpernickel

Ergibt 1 runde Form oder Schüssel von 1 Liter
Zubereitung: 1 Stunde plus 45 Minuten temperieren
Tiefkühlzeit: 6 Stunden

Zutaten

75 g Zartbitterkuvertüre
500 ml Sahne
75 g Zucker
4 Eigelb

Für die Füllung

3 Eier
250 g Zucker
Mark von ½ Vanilleschote
400 g entsteinte Kirschen
60 g Pumpernickel vom Vortag
50 g Kuvertüre
150 ml Sahne

Geschlagene Sahne,
Schokoraspel und Kirschen
zum Verzieren

❚ Eine Schüssel mit Öl auspinseln, möglichst faltenfrei mit Klarsichtfolie auslegen und in das Eisfach stellen. Zunächst das Schokoladeneis für die äußere Schicht zubereiten. Dafür die Kuvertüre hacken. In einem Topf die Sahne mit dem Zucker aufkochen. Die Eigelbe mit der heißen Sahne-Zucker-Mischung in einer großen Rührschüssel verquirlen. Auf dem heißen Wasserbad rühren, bis die Masse dicklich wird. Die gehackte Kuvertüre in die heiße Eismasse geben, glatt rühren und die Masse unter gelegentlichem Rühren erkalten lassen. In der Eismaschine nach Bedienungsanleitung oder nach der Methode auf Seite 10 cremig gefrieren. Anschließend die Schüssel damit „auskleiden" und in das Eisfach stellen.

❚ Den Backofen auf 200 °C vorheizen. Für die Füllung die Eier trennen und ein Eiweiß zur Seite stellen. 30 Gramm Zucker, das Vanillemark und drei Eigelbe in einer Edelstahlschüssel mit dem Mixer, rühren, bis die Masse dicklich ist und ihr Volumen verdoppelt hat.

❚ Die Kirschen und 200 Gramm Zucker auf einem Blech vermischen. Im Ofen 30 – 40 Minuten backen und zwischendurch immer wieder umrühren. Die Kirschen erkalten lassen. Den Pumpernickel fein hacken und die Kuvertüre raspeln. Die Sahne halbsteif schlagen. Ein Eiweiß mit 20 Gramm Zucker cremig-steif schlagen. Alles zügig unter die Eimasse ziehen und in die Eisbombe füllen. Diese wiederum mindestens für 6 Stunden einfrieren.

❚ Die Schokobombe 45 Minuten vor dem Servieren aus dem Tiefkühler nehmen und in den Kühlschrank stellen. Die Bombe nach Belieben mit geschlagener Sahne, Schokoraspeln und Kirschen verzieren.

Eis am Stiel

Diese Rezepte sind allesamt ganz einfach und besonders für kleine Köche bestens geeignet. Übrigens: Das erste Eis am Stiel wurde erst 1923 patentiert. Der US-amerikanische Limonadenhersteller Frank Epperson hatte zufällig ein Glas Limo mit Löffel im Freien stehen lassen – die Limo gefror über Nacht. Voilà, der „Eppsicle Ice Pop" war geboren.

Grundrezept Eis am Stiel

Stieleis mit Joghurt und Früchten ist schnell gemacht und perfekt für zwischendurch.

Joghurt-Crumble-Eis

Ergibt 4–6 Stieleisförmchen à 70–100 Milliliter
Zubereitung: 35 Minuten
Backen: 15–20 Minuten
Tiefkühlzeit: 4 Stunden

Zutaten

100 ml Sahne
130 g Joghurt
70 g Puderzucker
abgeriebene Schale von ¼ unbehandelten
Orange
Mark von ½ Vanilleschote

Für die Glasur
350 g Kuvertüre
80 g Kokosfett

Für die Streusel
75 g Mehl
1 Prise Salz
1 Msp. gemahlener Zimt
40 g Zucker
50 g kalte Butter

▌Für die Streusel den Backofen auf 180 °C (Ober-/Unterhitze) vorheizen und ein Backblech mit Backpapier auslegen. Das Mehl mit Salz, Zimt und Zucker mischen. Zügig mit der Butter vermengen und auf das Backblech bröseln. Die Streusel im Backofen in 15–20 Minuten goldbraun backen und erkalten lassen.

▌Inzwischen die Sahne halbsteif schlagen (1). Den Joghurt mit dem Puderzucker, dem Orangenabrieb und dem Vanillemark verrühren. Zuerst die Streusel (2), dann die Sahne unterheben (3) und die Masse in Stieleisförmchen abfüllen (4) und für mindestens 4 Stunden einfrieren.

▌Die Kuvertüre mit dem Kokosfett über dem Wasserbad oder in der Mikrowelle schmelzen und auf Zimmertemperatur abkühlen lassen. Die Stieleis aus der Form lösen, in die Kuvertüre tauchen, abtropfen lassen (5) und möglichst dünn mit der Glasur überziehen (6). Sofort servieren.

Regenbogen-Pop-up

Im Regenbogeneis schmecken Limos mit einem hohen Fruchtgehalt am Besten. Sie können einen Teil der Limo durch frisch gepresste Fruchtsäfte ersetzen.

Ergibt 4 Pop-up-Formen à 100 Milliliter
Zubereitung: 10 Minuten
Tiefkühlzeit: 6 Stunden

Zutaten

150 ml Orangenlimonade
150 ml Grapefruitlimonade
150 ml Zitronenlimonade
300 ml Litschilimonade

▌ Die Orangen-, Grapefruit- und Zitronenlimonade einzeln in flachen Boxen einfrieren und im Eisfach 1 Stunde anfrieren lassen. Herausnehmen und wie ein Granitée mit einer Gabel aufrühren. Dabei die schon gefrorene Masse vom Rand mit dem noch flüssigen Saft vermengen. Die Limonaden-Granitées wiederum einfrieren und nach etwa 30 Minuten nochmals aufrühren. Diesen Vorgang so lange wiederholen, bis die Limos in groben Kristallen gefroren sind.

▌ Die Limonaden-Granitées nacheinander sehr fest in die Pop-up-Formen drücken und nach jeder Schicht etwas Litschilimonade nachgießen. Die Eismassen immer wieder fest zusammendrücken. Die Formen für 5 Stunden einfrieren und 5 Minuten vor dem Essen aus dem Eisfach nehmen. Aus den Formen lösen und servieren.

Smoothie-Pop-up

Obstsalat am Stiel

Ergibt 6 Pop-up-Formen à 150 Milliliter
Zubereitung: 5 Minuten
Tiefkühlzeit: 4 Stunden

Zutaten

200 g Erdbeeren
6 EL Honig
50 ml Johannisbeersaft
200 g Bananenfruchtfleisch
150 ml Kokosmilch
Saft von 1 Limette
3–4 Kiwi

▌ Die Erdbeeren waschen, putzen und mit zwei Esslöffeln Honig und dem Johannisbeersaft pürieren. Den Smoothie auf die Pop-up-Formen verteilen und diese möglichst aufrecht einfrieren.

▌ Die Banane schälen, grob würfeln und mit der Kokosmilch, dem Limettensaft und zwei Esslöffeln Honig pürieren. In die Formen füllen, sobald die Erdbeermasse angefroren ist, und wieder einfrieren.

▌ Die Kiwis schälen, grob würfeln und mit dem restlichen Honig pürieren. In die Formen füllen, sobald die Bananenmasse angefroren ist. Weitere 3 Stunden im Eisfach lassen. Die Pop-ups 5 Minuten vor dem Essen herausnehmen. Aus den Formen lösen und servieren.

Kiba-Eis

Der Getränke-Klassiker als fruchtige Eis-Variante.

Ergibt 6 Stieleis à 100 Milliliter
Zubereitung: 15 Minuten
Tiefkühlzeit: 2 Stunden 30 Minuten

Zutaten

300 g Kirschen
50 g Zucker
1 Banane
Saft von 2 Orangen
100 g Honig

▎ Die Kirschen waschen, entsteinen, würfeln und mit dem Zucker vermischen. Die Banane schälen und mit dem Orangensaft und dem Honig pürieren.

▎ Die Kirschen unter das Bananenpüree rühren und die Masse zuerst in der Eismaschine nach Bedienungsanleitung oder nach der Methode auf Seite 10 cremig gefrieren. Anschließend das Eis in die Becher drücken, einen Stiel hineinstecken und für mindestens 2 Stunden einfrieren.

Tipp: Besonders lecker sind die Frucht-Minis, wenn man sie vor dem Servieren mit weißer Schokoladenglasur überzieht. Dazu 350 Gramm weiße Schokolade mit 80 Gramm Kokosfett schmelzen, abkühlen lassen und die gefrorenen Minis darin eintauchen. Nach Belieben zusätzlich in Schokoladenstreuseln wenden.

Bunter Streuseljoghurt am Stiel

Sind nicht nur ein toller Farbtupfer, sondern auch beliebt bei den Kleinen.

Ergibt 20 Gläser oder Plastikbecher à 2 cl
Zubereitung: 10 Minuten
Tiefkühlzeit: 4 Stunden

Zutaten

130 g Joghurt
70 g Puderzucker
Saft von ¼ Limette
100 ml Sahne
100 g bunte Streusel

20 Zahnstocher (Strohhalme)

▌Den Joghurt mit dem Puderzucker und dem Limettensaft verrühren. Die Sahne steif schlagen und zusammen mit den Streuseln unter den Joghurt ziehen. Die Masse anschließend in die Gläser füllen und in jedes einen Zahnstocher (Strohhalm) als Stiel stecken. Die Streuseljoghurts für mindestens 4 Stunden einfrieren.

Variante für Konfitüreneis am Stiel: Bereiten Sie die Joghurtmasse ohne Streusel zu. Füllen Sie die Becher nicht ganz bis zum Rand und geben Sie in jeden einen Esslöffel Konfitüre Ihrer Wahl. Mit einem Löffelstiel etwas verrühren und die Joghurts wie beschrieben einfrieren.

Brauseeis mit Früchten

Ergibt 2 Silikonformen à 6 Stück
Zubereitung: 10 Minuten
Tiefkühlzeit: 3 Stunden

Zutaten

100 g Zucker
200 ml Fanta
4 Beutel Ahoj-Brause-Pulver,
Geschmack nach Belieben
Früchte nach Wahl, z. B.
Heidelbeeren oder Mango
12 kurze Strohhalme

▌ Den Zucker mit 100 Milliliter Wasser aufkochen und abkühlen lassen. Den Zuckersirup mit der Fanta vermischen und die Brause darin auflösen. Die Früchte gegebenenfalls in kleine Würfel schneiden und in die Form legen. Am unteren Ende einen Strohhalm platzieren.

▌ Die Brauselimo in die Form gießen und das Eis mindestens 3 Stunden gefrieren lassen. Das Eis vor dem Servieren an den unteren Enden abschaben, so wird der Strohhalm zum Eisstiel.

Weißes Schokomilcheis mit Smarties

Ergibt 8 Stieleisformen à
100 Milliliter
Zubereitung: 15 Minuten
Tiefkühlzeit: 3 Stunden 20 Minuten

Zutaten

150 g weiße Kuvertüre
500 ml Milch
40 g Zucker
100 g Smarties
350 g weiße Schokolade
80 g Kokosfett

▌ Die Milch mit dem Zucker aufkochen. Die weiße Kuvertüre grob hacken und in die heiße Milch geben. Einen Moment warten, die Schokomilch dann mit dem Stabmixer mischen und abkühlen lassen.

▌ Inzwischen die Smarties hacken. Die abgekühlte Eismasse in der Eismaschine nach Bedienungsanleitung oder nach der Methode auf Seite 10 cremig gefrieren. Zwei Drittel der Smarties unterrühren, das Eis in die Stieleisformen drücken, verschließen und 3 Stunden tiefkühlen.

▌ Für die Glasur die Schokolade und das Kokosfett grob hacken und zusammen über dem Wasserbad schmelzen. Auf Zimmertemperatur abkühlen lassen.

▌ Das Eis aus den Formen lösen, mit der Glasur überziehen und in den übrigen Smarties wenden. Sofort servieren oder bis zum Servieren nochmals einfrieren.

Tipp: Wer keine Stieleisformen mit Deckel hat, kann das Eis in anderen Förmchen einfrieren und Holzstiele hineinstecken.

Wackelpeter-Joghurt-Eis

Grüne Monster, die wirklich schmecken. Auch wenn es nicht so aussieht.

Ergibt 4 Förmchen à 75 Milliliter
Zubereitung: 10 Minuten
Tiefkühlzeit: 3 Stunden

Zutaten

70 g Joghurt
30 g Puderzucker
50 ml Sahne
150 g Götterspeise, Waldmeister-Geschmack
(Wackelpeter)

▌ Den Joghurt mit dem Puderzucker verrühren. Die Sahne steif schlagen und unter den Joghurt ziehen. Den Wackelpeter und den Joghurt nacheinander in die Stieleisformen geben, verschließen und mindestens 3 Stunden tiefkühlen. 10 Minuten vor dem Essen aus dem Tiefkühlschrank nehmen.

Marshmallow-Joghurt-Eis

Marshmallows sind kleine Sünden, die im Eis noch unwiderstehlicher werden.

Ergibt 4 Gläser à 150 Milliliter
Zubereitung: 15 Minuten
Tiefkühlzeit: 4 Stunden

Zutaten

150 g Joghurt
70 g Puderzucker
Mark von ½ Vanilleschote
100 g Sahne
130 g Marshmallows

4 Dessertlöffel

▌ Den Joghurt mit dem Puderzucker und dem Vanillemark verrühren. Die Sahne steif schlagen und unter den Joghurt heben. Anschließend die Marshmallows grob zerkleinern und ebenfalls unterheben.

▌ Die Eismasse in die Gläser füllen, Dessertlöffel als Stiel hineinstecken und das Eis mindestens 4 Stunden tiefkühlen. Die Marshmallow-Joghurts 15 Minuten vor dem Servieren aus dem Eisfach nehmen, damit sie weich werden.

Gefrorene Mini-Schokoküsse

Verführung aus knackiger Schokolade mit schaumig-luftigem Inhalt

Ergibt 24 Schokobecher à 2 cl
Zubereitung: 15 Minuten
Tiefkühlzeit: 2 Stunden

Zutaten

100 g Mini-Schokoküsse
100 g Joghurt
abgeriebene Schale und Saft von
½ unbehandelten Limette
40 g Eiweiß (etwa 1 großes Ei)
30 g Zucker

24 Schokobecher
24 kurze Strohhalme

▌ Die Waffeln der Schokoküsse abheben, die Küsse in einer Schüssel zerdrücken und anschließend mit dem Joghurt, dem Limettensaft sowie der Limettenschale verrühren.

▌ Das Eiweiß mit dem Zucker zu cremig-steifem Eischnee schlagen und unter die Schokokuss-Joghurtmasse heben. Die Masse mithilfe eines Spritzbeutels in die Schokobecher füllen. In jeden Becher einen Strohhalm stecken. Die Schokoküsse für mindestens 2 Stunden einfrieren und 10 Minuten vor dem Servieren aus dem Eisfach nehmen.

Milch-Sticks

Schmeckt genauso lecker wie Mini-Milk und weckt Erinnerungen.

Ergibt 4 Silikonformen à 75 Milliliter
Zubereitung: 10 Minuten
Tiefkühlzeit: 3 Stunden

Zutaten

300 ml Milch
50 g Puderzucker
Mark von ¼ Vanilleschote
175 g Kuvertüre
40 g Kokosfett

Bunte Zuckerstreusel zum Verzieren

▌ Die Milch mit dem Puderzucker und dem Vanillemark verrühren. Anschließend in die Formen gießen, diese verschließen und für mindestens 3 Stunden einfrieren.

▌ Die Kuvertüre und das Kokosfett hacken und über dem Wasserbad oder in der Mikrowelle schmelzen und auf Zimmertemperatur abkühlen lassen.

▌ Das Milcheis vor dem Servieren aus dem Formen lösen, in die Glasur tauchen und anschließend in den Zuckerstreuseln wälzen.

Eisdrinks

Kühle Drinks sind schnell gemacht und der Hit

für heiße Tage. Ein erfrischendes Zitronensorbet

mit Limoncello, ein fruchtiges Mango-Lassi oder

ein cremiger Melonen-Joghurt-Shooter. Gerade

im Sommer locken die eisgekühlten Getränke, mit

oder ohne Alkohol, mit Kräutern oder Früchten,

lassen Sie sich überraschen!

Mango-Lassi auf Eis

Ergibt 4 Latte-Macchiato-Gläser
à 300 Milliliter
Zubereitung: 10 Minuten
Tiefkühlzeit: 15 Stunden

Zutaten

2–3 vollreife Mangos
(800–900 g)
300 g Joghurt
Sirup oder Honig nach
Geschmack
Eiswürfel oder Crushed Ice
zum Servieren

▌ Die Gläser im Eisfach oder im Kühlschrank kalt stellen. Die Mangos schälen, vom Kern befreien und das Fruchtfleisch grob würfeln. Zusammen mit dem Joghurt in einer Küchenmaschine oder mit dem Stabmixer pürieren. Das Mango-Lassi nach Geschmack mit Sirup oder Honig abschmecken.

▌ Anschließend in der Eismaschine nach Bedienungsanleitung oder nach der Methode auf Seite 10 gefrieren, bis es gerade cremig wird, aber noch nicht vollständig gefroren ist. Die Eiswürfel in die Gläser füllen und das halb gefrorene Mango-Lassi darauf verteilen.

Tipp: Herzhafter wird der Drink mit etwas Chili und Rauchsalz. Damit es nicht zu scharf wird, am besten in kleineren Gläsern anrichten. Nach Belieben den Glasrand mit Limettensaft einreiben und in Rauchsalz tauchen.

Geeister Bananen-Macchiato

Ergibt 4 Gläser à 300 Milliliter
Zubereitung: 15 Minuten
Tiefkühlzeit: 15 Minuten
Zutaten

Zutaten

500 g Bananenfruchtfleisch
(etwa 5 Bananen)
1 EL Honig
Mark von ½ Vanilleschote
Saft von ½ Zitrone
600 ml Milch

▌ Die Gläser im Eisfach oder im Kühlschrank kalt stellen. Die Bananen schälen und grob zerkleinern. Mit dem Honig, dem Zitronensaft, dem Mark der Vanilleschote und 200 Milliliter Milch in einer Küchenmaschine oder mit dem Stabmixer pürieren. In der Eismaschine nach Bedienungsanleitung oder nach der Methode auf Seite 10 gefrieren, bis sie gerade cremig wird.

▌ Die restliche Milch auf 70 °C erwärmen und aufschäumen. Den Milchschaum und das halb gefrorene Bananenpüree auf die Gläser verteilen. In jedes Glas einen langen Löffel geben und servieren.

Variante: Das halb gefrorene Bananenpüree und den Milchschaum vor dem Servieren in einem Shaker mixen und sofort servieren. Tipp: Im Frühling und Sommer können Sie den Bananendrink mit leicht gezuckerten Beeren aufpeppen. Im Winter schmeckt eine würzige Variante toll. Dazu die Milch vor dem Aufschäumen mit je einer Prise Zimt, Koriander, etwas getrockneter Orangenschale und Mazis (Muskatblüte) würzen.

Weißer Schokodrink mit Feige

Falls Sie keine frischen Feigen bekommen, verwenden Sie Kirschen.

Ergibt 8 Gläser à 150 Milliliter
Zubereitung: 20 Minuten plus 20 Minuten
Tiefkühlzeit: 2 Stunden

Zutaten

300 g weiße Schokolade
500 ml Milch
4 Feigen
500 ml Rotwein
1 Stange Zimt
100 g Zucker
1 gestrichener TL Speisestärke
1 EL Rotwein

Für den Milchschaum
250 ml Milch

Zimt zum Bestreuen

▌ Die weiße Schokolade grob zerkleinern. Die Milch erhitzen und die Schokolade darin schmelzen. Die Schokomilch mit einem Stabmixer mischen und abkühlen lassen.

▌ Die Schokomilch in einer Rührschüssel in das Eisfach stellen. Die Masse cremig gefrieren lassen und dabei immer wieder mit dem Stabmixer durchmixen. Die gefrorene Masse in Gläser füllen und wiederum einfrieren, bis die Feigen fertig sind.

▌ Den Rotwein mit der Zimtstange und dem Zucker aufkochen und 5 Minuten köcheln lassen. Die Feigen je nach Größe vierteln oder achteln. Dann die Hitze reduzieren und die Feigen in den heißen Wein legen. Mindestens 1 Stunde ziehen lassen.

▌ Die Feigen in ein Sieb abgießen und dabei den Wein auffangen. Den Wein wiederum aufkochen und auf 150 Milliliter reduzieren. Die Speisestärke mit einem Esslöffel kaltem Rotwein anrühren und in den kochenden Wein gießen. Unter Rühren 5 Minuten köcheln lassen, dann die Feigen in den heißen Wein legen.

▌ Die Gläser aus dem Eisfach nehmen und 10 Minuten bei Zimmertemperatur temperieren. Die Milch auf 70 °C erwärmen und aufschäumen. Die heißen Feigen und den Milchschaum auf die Schokomilch geben und nach Belieben mit Zimt bestreuen.

Schnelle kühle Sommerdrinks

Pomelo-Shake

Ergibt 4 Gläser à 200 Milliliter
Zubereitung: 10 Minuten
Tiefkühlzeit: 20 Minuten

Zutaten

3 Pomelos
300 ml Molke
300 g Joghurt
150 g Zucker

▌Die Gläser kalt stellen. Die Pomelos schälen und das Fruchtfleisch aus den Häuten lösen. Mit der Molke und dem Joghurt in einer Küchenmaschine oder mit dem Stabmixer pürieren. In der Eismaschine nach Bedienungsanleitung oder nach der Methode auf Seite 10 cremig gefrieren.

Zitronen-Buttermilch-Shake

Ergibt 4 Gläser à 200 Milliliter
Zubereitung: 10 Minuten
Tiefkühlzeit: 15–20 Minuten

Zutaten

400 ml frisch gepresster Zitronensaft
(von etwa 6 Zitronen)
200 g Zucker
800 ml Buttermilch

▌Die Gläser kalt stellen. Den Zitronensaft mit dem Zucker aufkochen und um die Hälfte reduzieren. Den Zitronensirup erkalten lassen, mit 400 Milliliter Buttermilch vermischen und in der Eismaschine nach Bedienungsanleitung oder nach der Methode auf Seite 10 cremig gefrieren. Die restliche Buttermilch unter die Eismasse rühren, in die gekühlten Gläser füllen und servieren.

Erdbeermilchshake

Ergibt 4 Gläser à 200 Milliliter
Zubereitung: 15 Minuten
Tiefkühlzeit: 2 Stunden

Zutaten

400 g Erdbeeren
100 g Zucker
Mark von ½ Vanilleschote
300 ml kalte Milch

▮ Die Gläser kalt stellen. Die Erdbeeren waschen, putzen und eine Handvoll Beeren zum Verzieren beiseitelegen. Die restlichen Erdbeeren vierteln, mit dem Zucker und dem Vanillemark vermischen und 15 Minuten ziehen lassen. In einer Küchenmaschine oder mit dem Stabmixer pürieren und mindestens 2 Stunden einfrieren. Zwischendurch mit einer Gabel immer wieder aufrühren.
▮ Inzwischen die übrigen Erdbeeren vierteln. Die gefrorenen Erdbeeren mit der Milch in einer Küchenmaschine oder mit dem Stabmixer pürieren. Auf die Gläser verteilen und mit den Erdbeervierteln garnieren.

Waldbeeren-Soda

Ergibt 4 Gläser à 200 Milliliter
Zubereitung: 15 Minuten
Tiefkühlzeit: 15–20 Minuten

Zutaten

500 g gemischte Waldbeeren
(frisch oder tiefgekühlt)
150 g Zucker
einige Zweige Minze
200 ml eisgekühltes Sodawasser

▮ Die Gläser kalt stellen. Die Beeren waschen, putzen, mit dem Zucker vermischen und 15 Minuten ziehen lassen. Inzwischen die Minze waschen und zupfen.
▮ Die Minzeblätter mit den Beeren in einer Küchenmaschine oder mit dem Stabmixer pürieren. Das Beerenpüree in der Eismaschine nach Bedienungsanleitung oder nach der Methode auf Seite 10 cremig gefrieren. Mit dem Sodawasser mixen und sofort servieren.

Gurken-Gin-Drink

Ergibt 4 Gläser à 200 ml Inhalt
Zubereitung: 20 Minuten
Tiefkühlen: 4 Stunden

Zutaten

400 g Salatgurke (möglichst
Bio)
75 g Zucker
Saft von 2 Limetten
80 ml eisgekühlter Gin
4 EL Crushed Ice
etwas Gurkenschale nach
Belieben zum Garnieren

▌ Die Gläser kalt stellen. Den Zucker zusammen mit 75 Milliliter Wasser aufkochen und erkalten lassen. Die Gurke waschen und grob zerkleinern. Mit dem Zuckersirup und dem Limettensaft in einer Küchenmaschine oder mit dem Stabmixer pürieren.

▌ Das Gurkenpüree in ein flaches Gefäß geben und für mindestens 4 Stunden in das Eisfach stellen. Zwischendurch mit einer Gabel mehrmals durchrühren.

▌ Das gefrorene Gurkenpüree und je einen Esslöffel Crushed Ice auf die Gläser verteilen und mit dem eisgekühlten Gin aufgießen. Nach Belieben mit etwas aufgewickelter Gurkenschale servieren.

Bitter-Lemon-Drink mit Granatapfel

Ergibt 4 Gläser à 200 Milliliter
Zubereitung: 10 Minuten

Zutaten

400 ml eisgekühltes Bitter
Lemon
50 ml Ahornsirup
200 ml eisgekühlter
Granatapfelsaft
160 ml eisgekühlter und frisch
gepresster Orangensaft
80 ml eisgekühlter und frisch
gepresster Zitronensaft
Crushed Ice

▌ Vier Gläser kalt stellen. Den Ahornsirup mit dem Granatapfelsaft und dem Orangen- sowie dem Zitronensaft vermischen.

▌ Die Gläser zur Hälfte mit Crushed Ice füllen und den Saft daraufgießen. Mit Bitter Lemon auffüllen und sofort servieren.

Marokkanischer Minzdrink

Ergibt 4–6 Gläser à 200 Milliliter
oder eine Karaffe von etwa 1 Liter
Zubereitung: 5 Minuten plus
4 Stunden ziehen lassen

Zutaten

4 Bund Nana-Minze
1 unbehandelte Zitrone
500–700 ml eisgekühltes
Sodawasser
Eiswürfel

▌ Die Minze waschen. Ein halbes Bund Minze beiseitelegen, die restliche Minze grob zerkleinern und mit 500 Milliliter Wasser kurz aufkochen. Den Minztee abkühlen lassen und im Kühlschrank für mindestens 4 Stunden kalt stellen. Die Gläser oder eine Karaffe ebenfalls kalt stellen.

▌ Den Minztee durch ein Sieb abseihen, die Minze dabei gut ausdrücken. Die übrige Minze zupfen und die Zitrone in dünne Scheiben schneiden. Die Gläser oder die Karaffe zur Hälfte mit Minzblättern, Eiswürfeln und Zitronenscheiben füllen und mit dem Minztee und Sodawasser auffüllen.

Tipp: Dazu passen Orangensafteiswürfel. Anstelle von Wasser einfach frisch gepressten Orangensaft in Eiswürfelformen einfrieren.

Hibiskus-Eistee mit Pfirsich

Ergibt 4–6 Gläser à 200 Milliliter
Zubereitung: 20 Minuten plus
4 Stunden ziehen lassen

Zutaten

50 g Hibiskusblüten (Teeladen)
1 TL getrocknete Orangen-
schale
3 vollreife Pfirsiche
2 EL Honig
Saft von ½ Orange
Crushed Ice

▌ Die Hibiskusblüten und die Orangenschale mit 800 Milliliter Wasser aufkochen und 15 Minuten ziehen lassen. Durch ein Sieb abseihen, den Tee abkühlen lassen und für mindestens 4 Stunden in den Kühlschrank stellen. Die Gläser kalt stellen.

▌ Die Pfirsiche schälen, vom Kern befreien und das Fruchtfleisch grob würfeln. Mit dem Honig und dem Orangensaft in einer Küchenmaschine oder mit dem Stabmixer pürieren und kalt stellen.

▌ Zum Servieren die Gläser zur Hälfte mit Crushed Ice füllen. Mit dem Pfirsichkompott und dem Hibiskus-Eistee auffüllen. Mit einem Löffel servieren.

Tipp: Anstelle der Hibiskusblüten kann man den Drink auch mit einem leckeren Früchtetee zubereiten.

Zitronensorbet mit Limoncello

Italien lässt grüßen. Am besten schmeckt der Drink natürlich mit sehr gutem Limoncello und sonnengereiften, sizilianischen Zitronen.

Ergibt 8 Gläser à 100–150 Milliliter
Zubereitung: 15 Minuten
Tiefkühlen: 15–20 Minuten

Zutaten

240 ml frisch gepresster Zitronensaft
(von etwa 4 Zitronen)
abgeriebene Schale von 1 unbehandelten
Zitrone
125 g Zucker
400 ml Limoncello

Kandierte Zitronenscheiben zum Garnieren
(siehe Seite 26)

▐ Den Zucker mit 90 Milliliter Wasser und dem Zitronenabrieb aufkochen, durch ein Sieb abseihen und abkühlen lassen. Anschließend den Zitronensaft mit der Zuckerlösung verrühren. Das Zitronensorbet in der Eismaschine nach Bedienungsanleitung oder nach der Methode auf Seite 10 cremig gefrieren und bis zur Verwendung in den Tiefkühlschrank stellen.

▐ Inzwischen die kandierten Zitronenscheiben nach dem Rezept auf Seite 26 zubereiten.

▐ In jedes Glas 1–2 Kugeln Sorbet geben, mit dem Limoncello aufgießen und mit den Zitronenscheiben garnieren.

Tipp: Der Drink schmeckt auch sehr gut mit einem Zitronen-Melissen-Sorbet. Dazu die Sorbetmasse mit drei Handvoll Melissenblättern pürieren, durch ein Sieb abseihen und das Sorbet anschließend abfrieren.

Melonen-Joghurt-Shooter

Verwenden Sie ganz reife Melonen, die Schale sollte intensiv süßlich duften.

Ergibt 4 Gläser à 300 Milliliter
Zubereitung: 20 Minuten
Tiefkühlzeit: 3 Stunden

Zutaten

½ Galia- oder Honigmelone
100 ml Weißwein (Spätlese)
2 EL Honig
260 g Joghurt
Saft von ½ Zitrone
70 g Puderzucker

Einige Minzeblättchen zum Garnieren

▌ Die Melone entkernen und schälen. Ein Viertel der Melone beiseitelegen, den Rest in grobe Würfel schneiden und mit dem Weißwein und dem Honig in einer Küchenmaschine oder mit dem Stabmixer pürieren. Das Melonenpüree in einem flachen Gefäß etwa 3 Stunden einfrieren. Zwischendurch immer wieder mit einer Gabel aufrühren.

▌ Die Hälfte des Joghurts mit dem Zitronensaft und dem Puderzucker verrühren und ebenso für etwa 3 Stunden einfrieren und dabei zwischendurch mit einem Stabmixer zwei bis drei Mal cremig rühren. Die Gläser kalt stellen.

▌ Die restliche Melone in kleine Würfel schneiden. Die Minze waschen, trocken schütteln, in feine Streifen schneiden und bis zum Servieren mit einem feuchten Küchentuch bedecken.

▌ Den gefrorenen Joghurt mit dem übrigen Joghurt in einem Shaker oder einem großen Schraubglas mixen und in die vorbereiteten Gläser füllen. Das gefrorene Melonenpüree daraufgeben und die Melonenwürfel darüber verteilen. Mit der Minze garnieren.

Tipp: Für einen Zitronenthymian-Melonen-Shooter marinieren Sie die Melone vor dem Pürieren mit Zitronenthymian. Dazu einfach einige Zweige Thymian mit der Spätlese und dem Honig aufkochen und 15 Minuten ziehen lassen.

Geeister Cidre mit Zimt

Apfel, Zimt und ein kleines bisschen Alkohol. Das ideale Lunchdessert für den Sommer!

Ergibt 4 Champagnergläser
Zubereitung: 15 Minuten plus 2–3 Stunden trocknen
Tiefkühlzeit: 6 Stunden

Zutaten

600 ml Cidre
1 Stange Zimt
100 g Zucker

Federweißer oder Fruchtsekt zum Aufgießen

Für die Apfelchips
1 Apfel
50 g Zucker
Saft von ½ Zitrone

▌ Den Cidre mit der Zimtstange und dem Zucker aufkochen und erkalten lassen. In einem flachen Gefäß 6 Stunden gefrieren, dabei mit einer Gabel immer wieder aufrühren. Vier Champagnergläser kalt stellen.

▌ Für die Apfelchips 50 Milliliter Wasser mit dem Zucker und dem Zitronensaft aufkochen und abkühlen lassen. Den Backofen auf 90 °C vorheizen und ein Backblech mit Backpapier belegen. Den Apfel entkernen und in sehr dünne Scheiben schneiden. Die Scheiben einzeln durch die Zuckerlösung ziehen, sehr gut abtropfen lassen und nebeneinander auf das Backblech legen. Im Ofen je nach Dicke der Scheiben zwischen 2 und 3 Stunden trocknen lassen, bis die Scheiben kross sind. Die Scheiben zwischendurch einmal umdrehen.

▌ Das Cidre-Granitée in den Champagnergläsern verteilen. Mit Federweißer oder Fruchtsekt aufgießen. Mit den Apfelchips garnieren und sofort servieren.

Eiskaffee

Versuchen Sie verschiedene Eissorten, die Krönung für einen heißen Sommertag!

Ergibt 4 Gläser à 200 Milliliter
Zubereitung: 10 Minuten
Kühlzeit: 4 Stunden

Zutaten

400 ml starker Espresso
Zucker nach Belieben

4 Kugeln Eis, z. B. weißes Schokoladeneis
(siehe Seite 24), Mandelkrokanteis
(siehe Seite 21)
oder Vanilleeis (siehe Seite 14)

600 ml Milch
Kakaopulver zum Garnieren
Eiswürfel

▎Das gewünschte Eis nach der entsprechenden Anleitung zubereiten.

▎Den Espresso mit Zucker abschmecken und für mindestens 4 Stunden in den Kühlschrank stellen. Die Gläser ebenfalls kalt stellen.

▎Vor dem Servieren die Milch auf 70 °C erwärmen und mit einem Milchschäumer aufschäumen. In jedes Glas eine Kugel Eis und nach Belieben einige Eiswürfel geben. Den kalten Espresso und den Milchschaum darauf verteilen. Mit Kakaopulver garnieren und sofort servieren.

Bitter-Sweet Aperol Spritz

Der beliebte Aperitiv als erfrischender fruchtig-herber Eis-Genuss

Ergibt 6–8 Sektgläser
Zubereitung: 10 Minuten
Tiefkühlzeit: 3 Stunden

Zutaten

100 ml frisch gepresster Bitterorangensaft
100 ml frisch gepresster Orangensaft
50 g Zucker
160 ml eisgekühlter Aperol
240 ml Prosecco

Orangenscheiben zum Garnieren

▌Die Gläser kalt stellen. Den Zucker mit 50 Milliliter Wasser aufkochen, abkühlen lassen und mit dem Bitterorangensaft und dem Orangesaft verrühren. Den Saft in eine flache Box geben und im Eisfach 1 Stunde anfrieren lassen. Das bittere Orangengranitée herausnehmen und mit einer Gabel aufrühren. Dabei die schon gefrorene Masse vom Rand mit dem noch flüssigen Saft vermengen. Das Granitée wiederum einfrieren und nach etwa 30 Minuten nochmals gründlich aufrühren. Diesen Vorgang so lange wiederholen, bis die Masse in groben Kristallen gefroren ist.

▌Das bittere Orangengranitée auf die Gläser verteilen und mit Aperol und Prosecco aufgießen. Mit Orangenscheiben garnieren.

Tipp: Bitterorangensaft finden Sie im Internet. Oder Sie kaufen im Winter Pomeranzen und frieren den Saft ein.

Register

B

Baklava mit Rosenblüteneis 107
Basilikumsorbet mit gebratener Mango 52
Bitter-Lemon-Drink mit Granatapfel 144
Bitter-Sweet Aperol Spritz 156
Blaubeer-Banane (Cremeeis) 16
Blaubeersorbet 56
Bratapfelsorbet 50
Brauseeis mit Früchten 126
Bunter Streuseljoghurt am Stiel 124

C

Champagner-Eispralinen 94
Champagner(Frozen Joghurt) 29
Chicorée-Karamelleis im Zuckergitter 46
Cookies and Cream mit Beeren 18

E

Eiskaffee 154
Eis-Schokobombe mit Kirschen und Pumpernickel 112
Erdbeer-Mango-Sandwich 105
Erdbeere (Cremeeis) 17
Erdbeermilchshake 143
Erdbeersorbet 50
Espresso-Cantuccini-Parfait mit Zabaglione 86
Exotisches Fruchtsorbet 57

F

Frozen Joghurts 28

G

Gebackene Aprikosen gefüllt mit Ricotta-Gewürzeis 110
Gebackenes Honigeis im Filoteig 101
Gebackenes Eis 98
Geeister Bananen-Macchiato 139
Geeister Cidre mit Zimt 152
Geeister Pflaumenröster 63
Gefrorene Mini-Schokoküsse 132
Gefüllte Überraschungseier 112
Gestreiftes Mohn-Parfait 88
Grundrezepte:
  Cremeis 14
  Eis am Stiel 116
  Eissoufflé 74
  Granitée 66
  Heißes Eis 98
  Sorbet 50
Grüner Apfelschnee auf heißer Schokolade 102
Gurken-Gin-Drink 144

H

Hagebuttensorbet 62
Halb gefrorenes Kalte-Schnauze-Eis
  mit heißer Beerensauce 109
Hibiskus-Eistee mit Pfirsich 147
Himbeer-Buttermilcheis 24
Hollerblütensorbet mit gebackenen Blüten 64
Holundersorbet 62
Honig-Ingwersorbet mit Croustillons 54
Honigfeigen-Parfait 82
Honigkuchen-Parfait mit Pflaumen 80

J

Joghurt-Crumble-Eis 116

K

Karamellisiertes Kirsch-Rosmarin-Eissoufflé 76
Kiba-Eis 122
Kir-royal-Granitée mit Obstsekt 69
Kürbis-Ingwer-Eis mit Hippen 40

L

Lavendelsorbet 54
Limetten (Frozen Joghurt) 28
Limettengranitée 70

M

Malzbiereis in der Knusperwaffel 39
Mandelkrokanteis mit Karamellcrispies 21
Mandelmilcheis 22
Mango-Lassi auf Eis 139
Marokkanischer Minzdrink 147
Marshmallow-Joghurt-Eis 130
Melonen-Joghurt-Shooter 150
Melonen-Kiwi-Granitée 70
Melonensorbet 56
Milch-Sticks 135
Milchreis-Parfait 82
Millefeuille mit Himbeere-Frischkäse-Eis 110
Minz-Schokopyramiden 85

O

Ofen-Pfirsichsorbet mit Zitronenthymian und
  Granatapfel-Kompott 60
Orangen-Schokosorbet mit Orangencrisps 44
Orangengranitée 66

P

Pfefferminz-Schoko-Sorbet mit Kakaoblättern 59
Pfirsich (Frozen Joghurt) 28
Pfirsich-Himbeer-Sorbet 57
Pina-Colada-Doppelkekse 90
Pistazieneis 22
Pomelo-Shake 142
Preiselbeere (Frozen Joghurt) 29
Punsch-Eis mit Gewürzstreuseln 42

Q

Quittensorbet 62

R

Regenbogen-Pop-up 120
Rumrosineneis 37

S

Schokocookie mit Cashewnuss-Karamelleis 107
Schwarzwälder Kirscheis 37
Smoothie-Pop-up 121
Stracciatella (Cremeeis) 17
Sunrise-Eiswürfel 94

T

Tiramisu-Eiscreme mit Löffelbiskuits 30
Topfen-Eissoufflé 74

V

Vanilleeis 14
Verbene-Sorbet 59

W

Wackelpeter-Joghurt-Eis 129
Waldbeeren-Soda 143
Weihnachtsmandel-Eis 42
Weißer Schokodrink mit Feige 140
Weißes Eiskonfekt 93
Weißes Nugateis 40
Weißes Schoko-Gewürzeis mit Portweinfeigen 34
Weißes Schokomilcheis mit Smarties 126

Z

Zimt-Milcheis mit Vin-Santo-Orangen 34
Zitronen-Buttermilch-Shake 142
Zitronen-Eissoufflé 78
Zitronengraseis mit kandierter Zitrone 26
Zitronensorbet 52
Zitronensorbet mit Limoncello 148
Zweifarbiges Schokoladenmilcheis mit Schokospänen 24

Bezugsquellen:

Eismaschine von Pacojet: www.pacojet.de
Nüsse und Pistazien:
www.bosfood.de
www.tali.de
www.seeberger.de
Schokoladen / Kuvertüren:
www.pati-versand.de
www.theobroma-cacao.de
www.kikis-pralinenwelt.de
www.manufactum.de
Gewürze:
www.ingo-holland-shop.de
www.1001gewuerze.eu
Fruchtmark, z. B. Quitte:
www.genusshandwerker.de

Glucose und Glucosesirup:
www.pati-versand.de
www.hobbybaecker.de
Für **Silikonformen**, **Stieleis-Formen** und **Eistiele** bietet das Internet zahlreiche Bestellmöglichkeiten.

Danksagung
Karsten Krausch und Christine Evoda für den Einsatz an der Eismaschine!
Jonathan, Jakob und Jan-Ole Schill für ihre Ideen.
Fritz und Stephan Lampen für ihre Geduld.
Anja Boeffel für Ihre Hände.
Unser besonderer Dank gilt der Firma ASA für die großzügigen Leihgaben.
Und natürlich Andreas Rüther.

In gleicher Reihe erschienen ...

ISBN 978-3-86244-149-5

Espumas & Chantillys sind im Glas serviert hübsch anzusehen, ebenso wie viele weitere Gerichte in diesem Buch mit 100 kreativen Rezepten.

ISBN 978-3-86244-145-7

Finger & Food = Fingerfood. Wenig Geschirr, ein wenig Vorbereitung und diese 100 Rezepte – mehr Zutaten braucht sie nicht, die perfekte Party!

ISBN 978-3-86244-131-0

Es ist verblüffend, wie abwechslungsreich es sich ganz ohne tierische Produkte kochen lässt und in welcher Vielfalt sich Rohkost präsentieren kann!

ISBN 978-3-86244-214-0

100 abwechslungsreiche Rezepte aus aller Welt für Erbsen, Bohnen, Linsen, Kichererbsen und andere Hülsenfrüchte, leicht und modern zubereitet.

ISBN 978-3-86244-231-7

Die 100 besten Rezepte für unsere Lieblingsgemüse!

ISBN 978-3-86244-212-6

Maultaschen, Wan Tans, Piroggen, Blinis, Donuts... Die 100 besten Rezepte für Teigtaschen, von Italien bis Asien, von Nudel- bis Strudelteig.

CHRISTIAN

www.christian-verlag.de